L'économie humaine, mode d'emploi

Éditions d'Organisation
Groupe Eyrolles
61, bd Saint-Germain
75240 Paris Cedex 05

www.editions-organisation.com
www.editions-eyrolles.com

Les illustrations de cet ouvrage ont été réalisées
par Nouré

Jérôme HENRY
avec la collaboration de Claire Sejournet

Préface de Pierre Rabhi

L'économie humaine, mode d'emploi

DES IDÉES POUR TRAVAILLER SOLIDAIRE ET RESPONSABLE

Cet ouvrage a été dirigé par Anne Ghesquière,
fondatrice du magazine FemininBio.com

Sommaire

Préface

Jérôme Henry fait partie de ces personnages – malheureusement encore peu nombreux – impliqués professionnellement dans la gestion de la finance, non pour asservir les humains, mais pour être à leur service. Devenu un ami attentif aux actions écologistes et humanistes que nous menons depuis plusieurs décennies au nord et au sud en faveur de l'autonomie alimentaire des populations par l'agroécologie, nous lui devons – comme d'autres organisations agissant dans le social – un soutien résolu. Il est par conséquent de ceux qui œuvrent, avec une déontologie affirmée, à redonner à l'économie ses lettres de noblesse.

Car il faudra bien reconnaître que derrière le vocable « économie » se cache une toute autre réalité que celle communément admise et validée par l'opinion mondiale. Tant que ce malentendu n'aura pas été dissipé, la suite de l'histoire contemporaine risque de s'enliser pour longtemps dans la logique à laquelle elle doit, aujourd'hui plus que jamais, une immense déconvenue.

Cette dernière se manifeste déjà par des disfonctionnements politiques et géopolitiques, des convulsions sociales dont nous sommes les témoins. Des déflagrations à très grandes amplitudes menacent si le désordre mondial dû à la cupidité sans limite ne fait place à un ordre plaçant résolument et définitivement l'humain et la nature au cœur de nos préoccupations.

C'est seulement à cette condition que la puissance de la finance, devenue une vraie valeur créative constructive d'un monde généreux, pourra contribuer à la mutation positive d'un vivre-ensemble digne d'intelligence. Car il n'y a rien de plus contraire à l'économie qu'un principe où il n'est mis aucune limite au pillage, à l'accumulation et au gaspillage des ressources par une minorité humaine, au détriment du plus grand nombre. Il n'y a rien de plus contraire à l'économie qu'un principe qui n'accorde de valeur qu'à ce qui peut être tarifé.

En prenant comme indicateur absolu le seul résultat chiffrable, la pseudo-économie occulte les richesses dites informelles sans lesquelles il n'est pas de société humaine viable. Comment, par exemple, des communautés dites sous-développées et désargentées auraient pu survivre sans les biens accessibles sans argent et les dispositifs millénaires et vernaculaires issus de leur propre génie ? Ces communautés ne vivent heureusement pas du fameux dollar – sans cesse évoqué comme indicateur de viabilité – mais de biens vitaux directement accessibles et valorisables. Bien avant que l'économie ne devienne une science compliquée, leurs membres avaient posé les bases d'une authentique économie garante de la survie.

Il n'est pas exclu que la société moderne, génératrice du modèle qui se retourne contre elle par la raréfaction du travail, la compétitivité meurtrière et autres avaries structurelles, ne soit obligée de trouver son salut dans des solutions et innovations affranchies de toute subordination à la parité financière. Un processus allant dans ce sens – crise oblige – est déjà amorcé au sein de la société civile. Il faudra inévitablement substituer à la diminution absolue du pouvoir de l'argent une créativité libre, sur des critères reliés plus directement à la nécessité objective. Ce sera l'occasion de démontrer la puissance de la simplicité au sein d'un système victime de sa complexité. Car peut-on tout simplement imaginer le ralliement des pays émergents à la boulimie de l'occident sans un dépôt de bilan planétaire par l'épuisement accéléré des ressources ? Jamais plus qu'en ces circonstances extrêmes et décisives l'intelligence authentique n'a été interpellée avec autant d'insistance, pour une insurrection des consciences constructive d'un vivre-ensemble digne d'une planète dont la beauté n'a d'égale que sa générosité.

Jérôme Henry nous fait part de sa vision des choses avec rigueur, sérieux et compétence et apporte des propositions alternatives inspirées par l'expérience et un humanisme que ceux qui le connaissent attesteront d'authentique.

PIERRE RABHI

Une autre économie est possible

> « *Jamais notre capacité à produire des richesses n'a été aussi grande
> et jamais notre incapacité à mettre cette prospérité au service du
> mieux-être de tous les hommes n'a été aussi flagrante.* »
>
> Jacques Généreux,
> *Manifeste pour l'économie humaine*

Depuis toujours, l'économie imprègne les sociétés, et son corollaire, le commerce, est presque aussi ancien. Sur ces deux piliers, le monde s'est développé et les civilisations ont échangé avec des terres de plus en plus éloignées au fur et à mesure que la connaissance du monde s'améliorait. L'entrée dans la mondialisation n'a pas été soudaine, elle s'est intégrée au fil du temps dans les modes de vie et de pensée des générations qui se sont succédée. Bien sûr, les premières formes de mondialisation sont assez éloignées de la mondialisation au sens où on l'entend aujourd'hui, c'est-à-dire la disparition des frontières, une intégration des économies nationales dans un système global, une interdépendance croissante des marchés, une progression constante du commerce international et une financiarisation du monde. L'essor de cette mondialisation remonte aux années 1960. Et depuis, elle n'a cessé de se renforcer.

Ces quarante dernières années, le monde s'est ouvert comme jamais il ne l'avait fait dans le passé en se basant sur une économie de marché désormais sans modèle concurrent. Mais cette course à la croissance, qui a explosé au lendemain de la Seconde Guerre mondiale, rend aujourd'hui mal à l'aise. Les théories économiques les plus répandues prédisaient que la croissance économique devait apporter un meilleur niveau de vie. Sur le papier, les enchaînements paraissent logiques et l'on y croirait. Les inégalités nord-sud criantes, les inégalités flagrantes au sein même des sociétés des pays développés, le non-respect des droits des travailleurs, la surexploitation des ressources non renouvelables, la destruction de l'environnement et bien d'autres faits ont donné dès les années 1980 un sérieux coup de frein à cette vision du fonctionnement de l'économie. La situation s'est encore dégradée depuis, et en ce début de nouveau millénaire, la planète fait le grand écart ; nous savons que ce ne sera plus tenable longtemps.

Contre cela, des voix se font entendre, de plus en plus fortes. Tout modèle engendre naturellement ses contestataires, et la mondialisation n'y a pas échappé. Le courant altermondialiste a émergé dans les années 1990, lorsque la mondialisation s'est accélérée. Rapidement monté en puissance, il serait toutefois plus juste de parler *des* courants altermondialistes : c'est un mouvement très hétérogène. Composé d'associations, d'organisations non gouvernementales et de mouvements aux revendications diverses venus des quatre coins de la planète, il fédère ceux qui se reconnaissent dans le slogan « Un autre monde est possible ». Les altermondialistes s'opposent à une mondialisation à outrance et sans garde-fou. Ils contestent l'ordre actuel, fondé sur une théorie de la croissance qu'ils considèrent dépassée. Le règne du « tout marché » a suffisamment duré, place désormais à une autre économie, à un autre monde, attentif à des notions jusqu'alors largement ignorées : valeurs sociales, respect des travailleurs, modes d'échanges alternatifs, protection de l'environnement.

Mais la contestation sans propositions n'est pas tenable. C'est pourquoi les altermondialistes organisaient dès 2001 le Forum social mondial (FSM). Pied de nez au Forum économique mondial de Davos, le FSM s'est affirmé dès l'origine comme un lieu de débat alternatif, apolitique et pluriel. Il veut être une force de proposition pour un changement de nos modes de vie à travers le déclenchement partout à travers le monde d'initiatives sociales et citoyennes[1]. Car comme le dit Paul Eluard dans le vers qui a donné naissance au slogan des altermondialistes : « Un autre monde est possible, mais il est dans celui-ci ». La révolution radicale n'est pas forcément la solution pour changer le monde. On peut amener le changement de

---

1. Pour plus d'informations, le site internet du Forum : www.forumsocial-mundial.org.br, disponible en français.

l'intérieur, en tirant profit du monde tel qu'il est pour l'amener à évoluer, à sortir du système irrationnel dans lequel il s'enfonce si rien ne bouge. C'est la voie choisie par l'économie humaine.

Au premier abord, il peut sembler que l'économie humaine est très proche du développement durable. Ce n'est pas totalement faux dans la mesure où ces deux idées visent à assurer à l'homme un avenir sur la planète Terre. Mais elles ne s'appuient pas sur les mêmes ressorts.

Le rapport Brundtland de 1987 pose les bases du développement durable et en donne la définition de référence : « Le développement durable est un mode de développement qui répond aux besoins du présent sans compromettre la capacité des générations futures de répondre aux leurs »[1]. On rapproche souvent le développement durable de l'écologie, car assurer un futur aux générations à venir passe par une autre attitude envers l'environnement : respect de la faune et de la flore, conservation de l'équilibre naturel général, gestion raisonnée des ressources naturelles, réduction des déchets, consommation responsable d'énergie. Le développement durable met la réponse à la crise écologique au cœur de son action.

L'économie humaine ne rejette nullement le développement durable. Mais elle se fonde sur une autre logique, qui est d'agir pour replacer l'Homme au cœur de l'économie. Cette ambition pourrait sembler démesurée si la réalité ne nous montrait pas qu'il existe déjà de nombreux exemples qui sont autant de réussites, aussi bien en France qu'à l'étranger. Nombreux sont ceux qui n'ont pas attendu la crise de 2008 pour se dire qu'il était temps de changer, que l'entreprise pouvait être autre chose que le meilleur moyen pour générer des profits, que l'on pouvait comprendre le monde qui nous entoure et qu'il était possible de produire ici, et non à l'autre bout de la planète. Ces entrepreneurs-là sont déjà acteurs de l'économie humaine, il faut espérer qu'ils sauront en inciter d'autres à en faire autant.

Mais qu'est-ce que l'économie humaine ? Par son intitulé, on devine qu'elle s'oppose directement à l'économie contemporaine,

---

1. Rapport Brundtland, Commission mondiale sur l'environnement et le développement, ONU, 1987.

tellement inhumaine, qui considère les individus avant tout, voire uniquement, comme des consommateurs en puissance. Pour cela, l'économie humaine se base sur trois piliers fondamentaux : une économie protectrice de l'Homme et de la planète, une économie de la connaissance, une économie relocalisée et relocalisante. Le premier pilier répond à la crise écologique et à l'urgence de changer nos modes de production, le deuxième veut remettre l'être au centre de la réflexion de chacun, place occupée aujourd'hui par l'avoir (le superficiel), et le troisième pilier vise à replacer l'économie là où les gens habitent. Ces alternatives se basent sur des hommes et des projets. Les entrepreneurs de l'économie humaine n'ont pas la folie des grandeurs, mais ils veulent agir pour l'Homme et la planète.

L'économie humaine ne repose pas uniquement sur ces trois piliers. C'est aussi l'esprit qui l'anime qui la différencie profondément de l'économie capitaliste que nous connaissons : la valeur du partage lui sert de moteur. Impossible de rester isolé si l'on veut se lancer dans l'aventure de l'économie humaine. Pour construire à son échelle une entreprise humaine, il faut partager : discuter avec ceux qui ont déjà monté des projets similaires, rencontrer les personnes avec lesquelles on voudrait travailler, échanger avec ses futurs collaborateurs et employés, aller à la rencontre de ses clients… Bien sûr, un entrepreneur traditionnel doit aussi faire ces démarches, mais il les aborde dans une toute autre logique, focalisé sur la recherche de son profit personnel et sur la meilleure façon de gagner de l'argent aux dépens de ses interlocuteurs.

Ce serait se tromper totalement sur la nature de l'économie humaine de penser qu'il s'agit là d'un discours réactionnaire. L'économie humaine reconnaît et intègre les indéniables progrès qui ont permis à la société de se développer et de rejoindre son niveau actuel, mais elle s'en détache car elle ne cautionne pas la dérive actuelle du système dans son ensemble. L'économie humaine est dynamique et résolument tournée vers l'avenir, car elle propose une alternative qui a prouvé qu'elle pouvait fonctionner. Ce qui compte pour les entrepreneurs humains, c'est de mettre leur activité au service du plus grand nombre, de l'intégrer dans le paysage local. C'est pourquoi les projets de l'économie humaine sont concrets et, de ce fait, visibles. On pourrait presque dire que l'on peut toucher cette économie du doigt tellement elle est proche de nous et accessible, intellectuellement et physiquement. Découvrir ou monter un projet d'économie humaine près de chez soi, c'est lancer une dynamique nouvelle dans son environnement. Il suffit souvent d'un petit coup de pouce au départ pour faire bouger les choses. Il paraît ensuite plus simple de construire, de s'intégrer dans une dynamique. Et ce faisant, les initiatives se renforcent les unes les autres. C'est ainsi que peu à peu, l'économie humaine peut prendre forme à grande échelle.

En utilisant intelligemment les ficelles du système actuel, l'économie humaine voudrait l'amener à évoluer pour qu'il soit plus vertueux. En cela, elle prend la suite de l'économie sociale et solidaire qui a permis de baliser le terrain pour faire progresser l'idée d'une économie plurielle et de poser les bases d'une économie où les acteurs agissent, interagissent et donnent à leur action une autre finalité que la recherche d'un profit maximal.

Ce guide invite à la découverte de l'économie humaine qui, plus qu'émergente, est déjà une réalité pour de nombreux acteurs de l'économie. Les portraits d'entrepreneurs et les exemples concrets présentés au fil des pages démontrent que l'économie humaine peut être une alternative solide, constructive et durable au système actuel. Ce sont autant d'exemples et d'idées dont on peut s'inspirer pour monter à son tour des projets et des structures de l'économie humaine, pour faire connaître cette autre économie autour de soi. Car comme les fleurs, l'économie humaine a besoin d'être pollinisée, et chacun peut être, à sa façon, une abeille[1]. Apportée quelque part au gré des initiatives, individuelles ou déjà collectives, l'économie humaine pourra inspirer de nouveaux entrepreneurs ou être citée en exemple par ceux qui la croiseront sur leur chemin. Ainsi, le message passe et les idées se répandent. Loin d'être un traité d'économie, ce guide est un outil pratique pour celles et ceux qui veulent agir au quotidien, et un petit coup de pouce à cette économie pour la faire mieux connaître.

---

1. Lire sur ce thème le livre de Thanh Nghiem, *Des abeilles et des hommes*, Éditions Bayard, 2010.

Dans quel monde vivons-nous ?

Pétrole et « besoin du vite » sont les carburants d'une économie déshumanisée

Ouvrir un album de photos de famille où renaissent nos grands-parents ou arrière-grands-parents, regarder de vieux films noir et blanc des années 1940, relire des contes du début du XXe siècle… Autant d'occasions de plonger dans un passé à des années-lumière de notre mode de vie contemporain, tant à la ville qu'à la campagne. Pourtant, il ne s'agit que de remonter dans le temps de quelques décennies. Mais au cours de celles-ci, la société a profondément changé, poussée par deux moteurs d'une rare puissance : le pétrole et la communication.

De nombreux livres traitent de ces deux thèmes et ce guide pratique n'a pas l'ambition d'expliquer leurs causes, leurs bienfaits et leurs maux dans une économie qui ne vise que la croissance. Mais pour aborder les contours d'une autre économie possible, il est nécessaire de s'arrêter un instant et d'observer le chemin parcouru par l'économie actuelle au cours du demi-siècle qui vient de s'écouler. Le pétrole et la communication l'ont dynamisée. Aujourd'hui, ceux-ci semblent échapper au contrôle des acteurs qui les ont mis en place. Il serait peut-être temps de devenir raisonnable.

Commençons par le pétrole, ou devrions-nous, par respect, l'appeler le Dieu Pétrole, tant il s'impose à nous. Qu'il s'agisse de notre quotidien ou des grands enjeux de relations internationales, le pétrole est partout. Deux souvenirs personnels me font réfléchir à la place exceptionnelle qu'a pris le pétrole dans notre vie.

Quand on discute avec des anciens – la génération qui était enfant juste avant la Seconde Guerre mondiale – il n'est pas rare d'entendre leurs souvenirs d'écoles rurales situées au carrefour de villages auxquelles on accédait à vélo quels que soient le temps et la qualité de la route, le lourd sac d'école sur les épaules. À l'époque, les automobiles étaient rares sur les routes de campagne et les cars de ramassage scolaires inexistants. Aujourd'hui, quels embouteillages devant les écoles ! Et ce, alors que l'établissement est généralement proche de chez soi.

Quand on évoque avec les quadras d'aujourd'hui leurs souvenirs de vacances scolaires chez leurs grands-parents, il n'est pas rare de voir combien la façon de faire ses courses a changé en moins de 40 ans. En effet, la mémorable sortie hebdomadaire en 2 ou 4 CV pour se rendre au marché et à la grande surface de la grande ville, afin de se ravitailler en choses essentielles, venait rythmer une semaine où les courses se faisaient à vélo chez les commerçants du village, dans les fermes alentours et en cueillant les produits frais au sein du potager du jardin. Aujourd'hui, il est fréquent de prendre sa voiture pour une baguette oubliée, alors que 500 mètres nous séparent de la boulangerie, de faire quotidiennement ses courses dans un hypermarché et de ne plus savoir que les fraises poussent en été ! Un coup de voiture et…

Au début du XXe siècle, les voyageurs devaient organiser de grands préparatifs pour partir à l'assaut d'un périple de 200 kilomètres. Dans une série télévisée comme *Les Brigades du Tigre*, des policiers coursaient des voleurs en voiture à près de 40 km/h. Aujourd'hui, on traverse la France dans la journée avec des voitures sécurisées et confortables, les courses poursuites se font sur les chapeaux de roues. Un coup de voiture et…

La voiture est partout.

On prend sa voiture pour aller faire des courses dans des « grandes surfaces » commerciales, pour aller à son travail… Ces quelques exemples jetés sur le papier ne sont pas du militantisme antivoitures, juste quelques photos et arrêts sur images qui sautent aux yeux lorsque l'on observe un instant notre société. Dans l'album de notre économie, le pétrole est sur toutes les photos. En moins de cent ans, l'économie est devenue dépendante du pétrole, ce qui est bien peu à l'échelle de notre histoire.

Le pétrole n'est pas simplement le carburant qui simplifie nos déplacements, un «circul'acteur». Il n'est pas loin le temps où l'on conseillait fortement le fuel pour se chauffer (ou son pendant, le gaz), sans s'occuper d'isoler sa maison. Étrange conseil lorsque l'on sait qu'en même temps, d'autres pays, au climat souvent plus rude, partaient dans la logique inverse. Le pétrole a monopolisé le conseil énergétique pendant de longues années. De nombreux plombiers n'ont été formés qu'à l'entretien des chaudières à fuel ou à gaz, n'ayant donc aucune idée du fonctionnement d'une chaudière à granulés de bois. Et parmi les sociétés de livraison de fuel de proximité, rares étaient celles qui proposaient également la livraison de granulés de bois ou d'autres alternatives. Pendant des décennies, en France, le choix pour se chauffer était clair : fuel ou électricité !

Le pétrole a aussi changé notre façon de consommer. Pourquoi acheter des choses qui durent, le plastique est tellement plus coloré et sympa ? Achetez, jetez ! Dans ce registre, le sac plastique est un mythe[1]. Rempli de choses en plastique, il facilite le trajet entre la caisse du supermarché et le coffre de la voiture, puis entre le coffre de la voiture et la cuisine, où il terminera dans la poubelle. Il sera alors ramassé par des camions roulant au pétrole et enfin brûlé dans des incinérateurs fonctionnant au fuel. Triste histoire, qui s'est malheureusement imposée comme modèle dans notre quotidien en moins de cinquante ans.

Le pétrole a connu un tel triomphe dans notre société de consommation qu'il devient difficile d'accepter l'idée même qu'il pourrait disparaître de notre quotidien. Pourtant, les calculs moyens des experts prévoient un « Pic Oil » vers 2025/2030. Après cette date, la quantité de pétrole disponible devrait diminuer. Comment imaginer que nos enfants, actuellement fermement attachés dans leur siège-auto en direction de l'école, puissent vivre dans une société où le pétrole, devenu très rare, ne sera plus au cœur de nos activités ?

Il y a quelques décennies, il y avait des conversations qui imposaient une conclusion stricte et unanime des participants : « J'arrêterai de prendre ma voiture quand l'essence sera à 10 francs le litre ! » Las !

---

1. En 1912, un épicier du Minnesota (États-Unis), Walter H. Deubner, lance l'idée d'un sac en papier pour aider les clients à emporter leurs achats. En 1950, le premier sac cabas en plastique est fabriqué par Heinz. Il n'a pas de poignées. Au début des années 1960, le sac plastique léger, tel que nous le connaissons aujourd'hui, apparaît. (Source : www.federplast.be)

C'est vrai qu'à l'époque, un plein d'essence nous faisait sortir du porte-feuille un billet de 100 francs et un autre de 50 francs (22,50 euros)[1]. Le litre de gazole coûtait autour de 0,50 euro.

Aujourd'hui, le même litre du même gazole coûte près de 1,30 euro (et parfois plus cher si l'on souhaite un gazole plus performant !). Le même plein nous revient donc aujourd'hui à une soixantaine d'euros, soit près de 400 francs. Sacrée différence en moins de 20 ans ! 1,30 euro, c'est déjà cher, mais la consommation d'essence reste soutenue en France. Les gens adaptent leur conduite, et la consommation des véhicules a baissé au fil des ans, mais qu'arri-vera-t-il quand un employé au salaire médian[2] de 1 500 euros net consacrera 10 % de son salaire mensuel pour faire son plein ? Cette situation est envisageable si le prix du gazole passe à 3,30 euros le litre. Impossible, voudrait-on dire. En réalité, cette augmentation est bien inférieure à celle constatée sur les prix des vingt dernières années. Alors que fait-on ?

En même temps que le pétrole s'imposait à nous, nous avons été entraînés dans (et avons aussi recherché) une spirale du « toujours plus vite ». Des déplacements plus aisés, plus simples et plus rapides, et voilà la société qui accélère grâce à des outils de communication plus efficaces issus de l'incroyable capacité de l'homme à inventer.

Fermons les yeux un instant et remémorons-nous les images des pôles de secrétaires des années 1950, que nous trouvons dans de nombreux films. Comment fonctionnait la communication écrite inter-entreprise à cette époque ? Une courte histoire nous le rappellera bien.

Un cadre de la société A, basée à Lille, voulait adresser un courrier au responsable de la société B, basée elle à Marseille. Avec sa plus belle plume (le stylo comme la langue !), il écrivait un texte, qu'il modifiait à loisir avant d'en faire part à sa secrétaire. Celle-ci prenait le texte manuscrit pour le taper ou se le faisait dicter, puis retournait à son bureau pour taper le courrier à la machine. Elle le mettait dans

---

1. Exemple pris sur les tarifs des années 1991-1992 et sur la base d'un plein de 45 litres de gazole. (Source : www.france-inflation.com)
2. En 2008, le salaire médian d'un employé était de 13 488 euros brut par an. (Source : INSEE)

un parafeur pour que le cadre puisse le relire et le signer (mais souvent, il en profitait pour le modifier). Tout cela pouvait s'étaler sur deux jours, voire plus. Quand finalement la lettre définitive était signée, elle partait en direction de la société B.

Un ou deux jours plus tard, la secrétaire de la société B recevait la lettre. L'ayant ouverte, elle la présentait à son responsable, qui en prenait connaissance. Après réflexion, le même ballet s'engageait pour adresser une réponse au cadre lillois. Bilan : un échange dans la semaine au mieux et donc le temps de réfléchir, de décanter, de pondérer, de filtrer.

Dans les années 1970, le fax est arrivé et a fait gagner les jours de transport du courrier. Mais le courrier nécessitait toujours que la secrétaire tape la réponse. On pouvait quand même échanger en 48 heures. Puis dans les années 1990, le mail est arrivé. Au début, certains cadres passaient par leur assistante (entre-temps, la secrétaire a disparu) pour taper le texte. On arrivait malgré cela à échanger dans la journée.

Et aujourd'hui ? On communique en direct avec des échanges dans la seconde, aussi bien sur son lieu de travail qu'en voiture, en train, en marchant et même sur la plage des vacances ! Tout le temps et en temps réel. Qui n'a pas été perdu si le correspondant ne répondait pas sur le mail envoyé initialement, afin de se souvenir de ce qui avait été dit au départ ? Tout va si vite que l'on ne sait exactement ce que l'on a écrit. Le temps a été raccourci et l'on a de plus en plus de sollicitations. Notre cerveau doit donc jongler pour décanter, filtrer, peser en un dixième de seconde là où il y a 50 ans, la semaine permettait la sérénité de l'analyse.

Il ne s'agit pas de dire qu'avant « c'était le bon temps ». Grâce à ces technologies de communication, l'économie a pris un vrai tournant productif et a permis, à l'échelle de la planète, de communiquer en temps réel. Quel confort pour les affaires et pour la vivacité des opérations. Mais ne sommes-nous pas arrivés au bout de cette logique ?

Le pétrole a permis de se rendre plus vite d'un point A à un point B à un prix abordable pendant cinquante ans. Associé à l'obsolescence programmée et au développement de la publicité, il a simplifié l'installation d'un système économique capitalistique, depuis le début du XXe siècle, en permettant de « produire plus pour consommer plus pour produire plus ». Les nouveaux moyens de communication ont tellement permis d'accélérer notre quotidien qu'ils ont quelque part transformé les personnes en acteurs et producteurs d'une société fondée sur le besoin d'avoir, en leur évitant ainsi de prendre le temps de réfléchir.

Sommes-nous vraiment alors au cœur d'une société qui accorde de la place à l'humain ? Assaillis de toute part par des messages promotionnels, une petite réflexion suffit pour se rendre compte que nous sommes souvent considérés comme des consommateurs plutôt que comme des êtres humains. À l'heure de l'économie mondialisée, peut-on continuer sur cette trajectoire qui ne respecte ni l'homme ni son environnement ? Toujours à la recherche des coûts de production les plus bas, des protections sociales les plus faibles, l'économie actuelle détruit la planète, sa faune et sa flore, les hommes qui la peuplent, leurs richesses culturelles et leurs différences, les traditions millénaires qui ont permis d'arriver jusqu'à aujourd'hui. Ces vingt dernières années, la France a vécu un certain nombre d'événements dans des domaines très différents (l'agriculture, avec les OGM et la vache folle ; la santé, avec les problèmes liés à l'amiante, au plastique et autres matières chimiques ; l'environnement, avec le naufrage d'Erika et les algues vertes ; l'urbanisme, avec les violences dans les banlieues, etc.) qui devraient nous inciter à lever le pied pour nous interroger sur le sens de notre route.

Car il est encore temps de prendre l'embranchement et de changer de direction. En France et ailleurs, une part de plus en plus importante de la population ne désire plus cette économie et commence à jeter les bases d'une autre forme, plus proche de ses valeurs : l'économie humaine. Cette autre économie place l'humain au cœur de sa logique et de son fonctionnement. Non pas en tant que consommateur mais en tant qu'humain pensant et agissant. La richesse n'est plus un but ultime, c'est sa création, son évolution et sa redistribution qui deviennent le cœur du vivre-ensemble. Cette économie n'est pas virtuelle. Elle est solidement amarrée à la Terre par trois piliers qui la stabilisent et se complètent :

- c'est une économie protectrice de l'homme et de la planète ;
- c'est une économie qui donne la priorité à la connaissance des choses ;
- c'est une économie relocalisante et relocalisée.

Partie 1

L'ÉCONOMIE PROTECTRICE DE L'HOMME ET DE LA PLANÈTE

MESSIEURS, L'HEURE EST GRAVE...
QUALITÉ
PROFITS
LE MODÈLE R23 DURE TROP LONGTEMPS ...
IL FAUT STOPPER LA PRODUCTION ET LICENCIER !

Premier pilier de l'économie humaine, l'économie protectrice de l'homme et de la planète est à elle seule un défi dans le monde qui est le nôtre. On trouve au cœur de ce pilier tout ce qui peut être créé, fabriqué, proposé, vendu en respectant l'homme et la nature au maximum. Pour qu'il s'exprime avec toute sa force et sa pertinence, il est important que ce mode de production soit transparent et conscient pour tous les acteurs de l'échange. C'est seulement s'il est intégré par les producteurs et visible pour les consommateurs que ce pilier devient fort.

Agir pour une économie protectrice de l'homme et de la planète est donc à la fois extrêmement exigeant et porteur. Mais les entrepreneurs humains ne se sont pas laissés décourager par les nombreux obstacles qui pourraient se dresser en travers de leur action. Ils ont largement investi ce domaine, et les initiatives, très variées, fleurissent.

L'agriculture biologique apparaît comme l'étendard de ce pilier. Respectueuse de la nature, elle protège également l'homme de mille et une façons, directes (pas de substances chimiques dans les fruits, légumes et céréales qu'elle produit) et indirectes (protection de la faune et de la flore). Ce pilier inclut également le recyclage, la réparation et le développement de l'écohabitat. Chacun à leur façon, ces secteurs d'activités participent à la protection de la planète et sont donc autant de domaines d'action possibles.

Le bio, agriculture de demain

On aurait envie de dire qu'il n'est plus nécessaire de présenter l'agriculture biologique tellement « le bio » s'est installé dans notre quotidien. Pourtant, il n'est pas inutile de rappeler quelques-uns de ses principes de base, ne serait-ce que pour montrer à quel point l'agriculture biologique et l'économie humaine vont de paire.

L'agriculture biologique dans notre assiette

Face à une agriculture intensive qui a fait du paysan (au sens noble de personne vivant du travail de la terre) un exploitant, l'agriculture biologique veut redonner du sens à un métier ancien et essentiel dans toute société. L'agriculture conventionnelle a délaissé les savoirs ancestraux, transmis de génération en génération, pour assurer artificiellement à la population de quoi manger. On mange, certes, mais se nourrit-on vraiment, au sens de prendre plaisir devant son assiette ? Ce n'est pas si sûr si l'on regarde les tonnes de nourriture qui sont jetées chaque année.[1] Des fruits sans goût, des légumes gorgés d'eau, dépourvus de minéraux… nos assiettes sont bien tristes depuis que la quantité a évincé la qualité.

Les fruits et légumes bio s'érigent contre cette malbouffe, car ils profitent d'un tout autre rythme de culture. L'agriculture biologique est une agriculture extensive et respecte le cycle des saisons. Fini les tomates en hiver, les fraises dès février !

Grâce à la nature, qui vit au rythme des saisons, l'homme trouve de quoi se nourrir lorsqu'il en a besoin. Et si les légumes exigent

---

1. En moyenne, 3,3 millions de tonnes de nourriture consommable (hors épluchures, os et autres déchets alimentaires) sont jetées chaque année au Royaume-Uni (enquête de l'Agence gouvernementale britannique WRAP – Waste & Resources Action Programme – Programme d'Action Déchets & Ressources, 2007).

six semaines pour être mûrs, il ne sert à rien de les récolter au bout de quatre pour remplir plus vite les supermarchés. L'agriculture biologique favorise la redécouverte de fruits et légumes oubliés ou méconnus, et pour tous, de leur goût, leur odeur, leur couleur, leur consistance. En un mot comme en cent, elle permet de revenir à des fondamentaux, de recréer et renforcer le lien authentique qui a toujours existé entre l'homme et la nature.

L'agriculture biologique comme activité économique

L'agriculture conventionnelle est pointée du doigt pour avoir participé, et même accéléré, le déclin de la population agricole. Quelques chiffres seront plus parlants qu'un grand discours : arrêtons-nous un instant sur les chiffres du recensement général de la population que présente l'INSEE.

	1946	1954	1962	1970	1980	2000
Population active agricole (en millions)	7,5	5,1	3,9	2,8	1,9	0,9
Part dans la population active totale (en %)	36 %	27 %	20 %	13 %	8 %	3 %

Source : INSEE – RGP et ENFA

Parce qu'il est plus facile de rentabiliser le gros matériel sur de grandes surfaces, l'agriculture conventionnelle a favorisé l'émergence de grandes exploitations au détriment des structures moyennes et familiales. Le retour à une agriculture biologique favorise le retour à la terre de petits exploitants, ce qui permet de redynamiser les espaces ruraux et de créer de nouveaux emplois, aussi bien directement, dans le milieu agricole, qu'indirectement, dans tous les services et structures à créer ou à agrandir pour répondre aux besoins de ces nouvelles populations. Elle donne donc une seconde vie aux espaces ruraux.

L'agriculture biologique et la biodiversité

Enfin, l'agriculture biologique permet de réintégrer de la biodiversité dans les paysages. Une étude[1] de l'Institut national de la

---

1. Agriculture et Biodiversité, des synergies à valoriser, INRA, 2 juillet 2008 (rapport et synthèse disponibles sur www.inra.fr)

recherche agronomique (INRA) met en lumière les bienfaits de l'agriculture biologique sur la biodiversité. L'appauvrissement des sols lié à l'agriculture intensive peut être infléchi par l'agriculture biologique. La diversification des cultures, l'absence de produits chimiques, l'adaptation des cultures en fonction du terroir, l'aménagement du paysage sont autant de principes primordiaux pour l'agriculture biologique, et autant de possibilité pour la faune et la flore de réinvestir des territoires qui leur étaient devenus hostiles. Ce retour, notamment de la faune, n'est pas un obstacle au développement de l'agriculture biologique.

L'enquête de l'INRA souligne en effet que les grands espaces homogènes créés au fil des ans par l'agriculture intensive ont favorisé le développement des populations de bioagresseurs des cultures. À l'inverse, la variété des espèces autour d'une zone de culture biologique permet une autorégulation de la biodiversité. De plus, faune et flore enrichissent les sols par leur activité (pollinisation, labourage du sol par les insectes, etc.). L'INRA note même que « la présence de certaines espèces floristiques peut aussi améliorer les caractéristiques organoleptiques des fromages » ! Un dernier atout de l'agriculture biologique est qu'elle augmente la qualité des paysages. Cela n'apporte rien à l'agriculteur mais enrichit la collectivité.

L'agriculture biologique et les Français

Les Français sont très sensibles à l'argument de l'agriculture bio. Ainsi, l'Agence Bio, dans son enquête 2009[1], révèle que 77 % d'entre eux sont convaincus que le bio est une solution d'avenir face aux problèmes environnementaux, et 94 % des consommateurs-acheteurs affirment manger bio « pour préserver l'environnement ».

Le rapport des Français à l'agriculture biologique n'est pas que théorique. Outre des considérations générales positives et une meilleure connaissance, au fil des ans, des principes de l'agriculture biologique, les Français agissent. La part de l'alimentation bio dans le total des achats alimentaires ne fait qu'augmenter (plus 10 % par an en moyenne, dynamique plus forte depuis 2008). Les

---

1. 7e baromètre consommation et perception des produits biologiques – CSA/Agence Bio, février 2010.

achats augmentent, même en ces temps de crise, avec des consommateurs de plus en plus nombreux. En 2009, 46 % des Français ont consommé au moins un produit biologique au moins une fois par mois, contre 44 % en 2008 et 42 % en 2007.

De l'ordre de 10 % de plus par an, la dynamique s'est accélérée depuis 2008 avec une croissance de 19 %. En plus du respect de l'environnement, la proximité avec le lieu de production des produits bio est un second critère d'importance.

Et cela se voit aussi du côté des producteurs. En 2009, un producteur bio sur deux vendait tout ou partie de sa production directement au consommateur, révèle ainsi l'Agence Bio[1]. Ils sont 76 % à vendre directement à la ferme, 54 % sur des marchés, lors de foires ou de salons, 21 % à utiliser le système des paniers bio et 19 % à passer par un magasin collectif. Renaît ainsi l'échange direct entre le producteur et le consommateur. Et cet échange ne s'arrête pas là : 12 % des agriculteurs bio accueillent des « touristes » dans leur ferme et près de 7 % ouvrent les portes de leur ferme dans un cadre pédagogique.

Cet engouement des Français pour le monde agricole n'est pas nouveau. Mais ces derniers temps, il semble que cet élément central de l'imaginaire collectif redevienne une réalité tangible, au moins le temps d'une visite à la ferme.

Quelques chiffres…

De 1995 à 2009, les surfaces cultivées bio sont passées de moins de 100 000 hectares à plus de 500 000.

Fin 2009, la part des exploitations bio dans le total des exploitations françaises était estimée à 3,14 %.

Le nombre total d'opérateurs bio, y compris les producteurs, a dépassé les 25 000 en 2009.

En 2009, le marché de l'alimentaire bio a généré un chiffre d'affaires de 3 milliards d'euros (contre 1,6 milliard en 2005).

---

1. Dynamique de développement de l'agriculture biologique en France, Agence Bio, 28 septembre 2010.

Agir

Vous voulez agir en acteur de cette économie ? Voici quelques idées de métiers et le portrait d'un entrepreneur humain.

Il y a tout d'abord tous les métiers qui sont liés à la production même des produits agricoles, qu'ils soient directement utilisables dans l'alimentation ou dans la fabrication de produits non alimentaires, comme les cosmétiques, les isolants naturels, les produits d'entretiens, etc. L'agriculture biologique emploie 30 % de main-d'œuvre de plus que l'agriculture conventionnelle. De plus, comme elle favorise les circuits courts, de nombreux métiers connexes peuvent être créés. Le bio favorise donc la création d'emplois à tous niveaux de compétences. Figure de l'agriculture biologique, Philippe Desbrosse[1] estime que si toutes les terres agricoles françaises étaient cultivées en suivant les principes de l'agriculture biologique, nous pourrions créer plus de 2 millions d'emplois de proximité ou d'emplois complémentaires.

En amont des métiers en prise directe avec l'agriculture, nous retrouvons toute l'activité de formation. Produire bio ne s'invente pas. Il faut être conscient des réalités du métier d'agriculteur qui demande compétence, patience, volonté, et des difficultés que l'on peut rencontrer. Mais comme le bio n'est pas historiquement au cœur de la production agricole française, tout ou presque est à créer dans ce domaine amené à se développer.

On trouve ensuite tous les métiers artisanaux ou industriels touchant à la transformation des matières premières. Nous nous retrouvons là dans les métiers plus classiques liés à la petite et moyenne industrie. Mais ce qui change radicalement, c'est le cadre dans lequel ces métiers sont exercés, beaucoup moins nocifs pour la santé et l'environnement que les produits « classiques ». Se tournant vers une certaine authenticité de la production, le retour aux odeurs, aux goûts et aux bienfaits des produits naturels rendent

---

1. Philippe Desbrosse est fils d'agriculteur biologique. Sa ferme expérimentale de Sainte-Marthe (Sologne) a été parmi les premières fermes de ce type en France. Il a présidé les négociations sur le règlement européen AB 2092/91 et à initié la création du label français en 1983. Il est aussi connu pour son conservatoire des graines anciennes.

l'activité industrielle sûrement plus plaisante pour celles et ceux qui veulent exercer dans ce type de secteur.

Les métiers liés à la distribution sont aussi plus classiques mais permettent de travailler avec des produits qui suivent le rythme des saisons, d'accorder plus d'importance dans son argumentaire commercial aux produits eux-mêmes et à leur traçabilité. Au sein de cette distribution, il est aussi possible de travailler (voire de créer) des magasins bio de proximité comme ceux du réseau Biocoop. Ces magasins placent le client, souvent adhérent à la coopérative ou à l'association, au cœur de l'activité. Ainsi, au-delà d'un acte de vente, ces systèmes de distribution sont une vraie opportunité pour celles et ceux qui apprécient la notion de conseil et de pédagogie.

Le marché du bio s'est développé fortement en quelques années, mais il reste encore beaucoup à découvrir. C'est pourquoi les métiers liés à la recherche sont aussi des métiers d'avenir dans l'économie humaine. Ils peuvent prospérer aussi bien dans le domaine public qu'au sein des entreprises du secteur privé qui fourmillent d'idées et profitent de la richesse offerte par la biodiversité pour découvrir des produits nouveaux, des méthodes nouvelles, des essences nouvelles, etc.

La traçabilité est aussi un point essentiel dans le domaine de l'agriculture biologique et ouvre la voie à tous les métiers liés à l'information (plus qu'à la communication) qui permettent de monter, d'animer des réseaux et de faire vivre les lieux de production au rythme des saisons.

Tout le monde peut s'impliquer pour l'agriculture biologique. Le secteur public n'est donc pas exclu de la dynamique portée par l'agriculture biologique. La fonction publique territoriale peut ainsi être sollicitée pour soutenir et appuyer le développement d'activités biologiques dans les territoires placés sous son administration (ville, département ou région). Il faut donc recruter ou former des agents aux compétences à la fois agricoles, écologiques et économiques. Cet investissement de départ est vite amorti : les pouvoirs publics ont tout à gagner du développement de nouvelles activités sur leurs territoires.

De manière transversale, le bio offre de grandes opportunités pour créer sa propre entreprise en synergie avec ses valeurs éthiques. S'ouvrant à un public non concentré dans des zones géographiques ou sectorielles spécifiques, le bio s'adapte très bien aux structures à taille humaine, ce qui est idéal pour les aventuriers et les managers qui voudraient se lancer.

Bien entendu, il est toujours plus facile de parler de ce que l'on voudrait faire lorsque l'on est encore étudiant et que l'on doit justement se former pour un futur métier. Mais une fois dans la vie active, il n'est pas impossible de bifurquer. On ne compte plus les cadres qui voudraient quitter leur emploi pour une vie plus en adéquation avec leurs valeurs. Pour ceux-là, il existe plusieurs structures qui les aident à organiser ce changement radical. L'association Savoir-faire et découvertes (www.lesavoirfaire.fr) propose de courts stages afin de découvrir et de mieux comprendre des métiers pour lesquels on vibre. Se frotter à la réalité avant de se lancer permet de savoir si le quotidien de cette nouvelle vie possible rejoint la perception que l'on en avait sans connaître ses réalités. Créée en 1999, l'association regroupe plus de 170 professionnels et permet de bénéficier des dispositifs de formation professionnelle mis en place par l'État (DIF, CIF, plan de reconversion…).

Charles Kloboukoff, PDG du groupe Léa Nature

« Je crois aux entreprises citoyennes et écologiques »

Les entreprises humaines sont nombreuses en France et représentent autant de belles initiatives. Parmi elles, Léa Nature est la preuve bien réelle que l'on peut mêler réussite économique et économie humaine.

Créé en 1993 par Charles Kloboukoff, le groupe Léa Nature s'est tout de suite engagé dans la protection de la planète. En moins de 20 ans, l'entreprise s'est développée au point de compter 600 salariés qui travaillent à la conception, fabrication et commercialisation de plus de 1 300 produits bio et naturels, dans les domaines de l'alimentation bio, la cosmétique, la diététique et la santé. Un chiffre d'affaires en constante augmentation, 100 M€ à fin 2010, une reconnaissance à travers des marques comme Floressance, Jardin BiO', SO'BiO étic, Lift'Argan, Natessance… Certains en perdraient la tête, le patron de Léa Nature, non.

© Sylvie Curty

Dès le départ, ce jeune entrepreneur – il n'a pas 30 ans quand il crée Léa Nature – savait que son entreprise serait citoyenne. Depuis, il a à cœur de faire de ses convictions une réalité. Bien entendu, la production respecte autant que faire se peut la nature : 90 % des matières premières sont bio et 65 % des produits finis sont labellisés « Bio ». L'entreprise privilégie les approvisionnements régionaux, aussi bien pour se fournir en ingrédients que pour aménager le site, évidemment écologique, utilisant des énergies renouvelables et construit avec des matériaux naturels. Mais l'engagement citoyen n'est pas que matériel. Il est aussi quotidien pour celles et ceux qui travaillent dans l'entreprise : actions de sensibilisation à l'environnement, fruits bio en libre-service, soutien aux congés solidaires des salariés... Charles Kloboukoff l'affirme : « Nous avons un engagement citoyen fort au sein de l'entreprise qui reflète notre façon de penser et de concevoir les relations humaines au sein d'une entreprise[1] ».

La croissance de l'entreprise, indispensable selon lui (« Peut-on mener la révolution verte et citoyenne dans l'entreprise sans gagner d'argent et sans croissance ? », interroge-t-il[2]), n'est pas pour autant contraire à l'idéal vert qui anime le groupe. L'ensemble de ses marques bio adhère au Club 1 % pour la planète, et reverse donc chaque année 1 % de leur chiffre d'affaires à des associations qui agissent en faveur de l'environnement.

Le patron de Léa Nature était peut-être en avance sur son temps lorsqu'il s'est lancé dans l'aventure. Fidèle à ses convictions, dont il ne s'est jamais détourné, il a ancré dès le départ son entreprise dans la responsabilité environnementale et citoyenne avec le résultat que l'on sait. Une *success-story* qui pourrait en inspirer bien d'autres.

DÉVELOPPER

Pour aller plus loin dans cette économie ? Voici quelques sites internet qui concrétisent son expression, des pistes à explorer politiquement ainsi qu'une idée possible pour agir et faire comprendre.

L'emploi dans le monde du bio

Associé au magazine spécialisé dans les points de vente bio, le site bio-emploi.com est l'un des premiers dédié au recrutement dans la filière bio. Il touche à la fois le secteur de l'agriculture biologique, des produits naturels, des cosmétiques bio, etc.

www.bio-emploi.com

Une formation complémentaire

En marge des formations traditionnelles qui ouvrent au métier de producteur bio, il est intéressant de découvrir le monde de l'agroécologie. Cette méthode agricole, initiée par Pierre Rabhi, respecte la terre nourricière et participe à la souveraineté alimentaire d'un pays. Pour permettre d'expérimenter cette forme d'agriculture et de former les personnes désireuses de la connaître, l'association Terre et Humanisme a ouvert un centre en Ardèche. Le Mas de

---

1. *Interview de Charles Kloboukoff, patron de Léa Nature*, FemininBio, 8 octobre 2009.
2. *Idem.*

Beaulieu permet de devenir formateur pour exercer soi-même, relayer si besoin ses connaissances à d'autres personnes mais aussi, et cette tendance se développe fortement depuis les graves crises de la faim dans le monde, aider les pays souffrant de la faim dans leurs actions au profit de leur souveraineté alimentaire.

 www.terre-humanisme.org

Pour une formation complémentaire, voir aussi le site www.lesavoirfaire.fr (lire la présentation plus haut dans ce chapitre).

Devenir distributeur avec le réseau Biocoop

Plus qu'un réseau de distributeurs de produits biologiques, Biocoop est une grande famille. Cette coopérative regroupe des individus qui partagent les mêmes objectifs et stratégies et ont la même vision de la réalité quotidienne du métier de distributeur. Gérer un magasin Biocoop, c'est donc plus qu'être commerçant. C'est faire partie d'une famille de clients adhérents qui échangent quotidiennement sur les produits, leurs origines et leurs bienfaits.

 www.biocoop.fr

Si vous désirez créer une Biocoop, le réseau vous aide (www.biocoop.fr/du-projet-a-louverture.php).

Être un bio-chercheur

On peut être chercheur et œuvrer dans le domaine de l'agriculture biologique ! Le Groupe de recherche pour l'agriculture biologique (GRAB) a été créé en 1979 pour travailler spécifiquement sur l'agriculture biologique. Cette association, reconnue d'utilité publique, réunit des ingénieurs agronomes et des agriculteurs bio qui réalisent le pilotage de programmes professionnels. Ces chercheurs gèrent également deux laboratoires à Avignon et deux hectares de site opérationnel.

 www.grab.fr

Les bio-chercheurs peuvent aussi travailler dans les laboratoires de recherche d'entreprises privées. Engagées dans le secteur du bio, ces entreprises sont aussi souvent engagées socialement. C'est le cas de Melvita qui, portée par des valeurs humaines et respectueuses de la nature, développe depuis 1983 des produits cosmétiques bio. Fondée par un ancien apiculteur, Bernard Chevillât, et implantée au cœur de l'Ardèche, l'entreprise emploie plus de 300 personnes pour l'élaboration et la fabrication de ses produits basés sur des ingrédients bio ou respectueux d'une cueillette raisonnée.

 www.terre-humanisme.org

Foncièrement bio

Terre des liens est une foncière qui permet, grâce à l'épargne solidaire, d'acheter des terres agricoles collectivement pour effectuer un portage collectif et non spéculatif de la propriété.

 www.terredeliens.org

Le féminin qui change la vie

Le bio, c'est avant tout un état d'esprit qui nécessite des lieux d'information, de découvertes et d'échanges. Parmi ces lieux, le site femininbio est sûrement l'un des plus complets et des plus interactifs de la toile, en harmonie avec l'état d'esprit passionné de ses créatrices. Organisé autour de 8 chaînes thématiques (beauté, maman, santé-forme, etc.), le site permet de partager des découvertes, des idées, des interrogations. Il propose aussi des rencontres avec des personnalités qui apportent un regard sur l'économie humaine (espace « économie humaine » au sein de la chaîne « agir au quotidien »).

 www.femininbio.com

Quelques pistes de réformes

De plus en plus de communes, départements et régions appuient déjà le secteur économique du bio. Un relais plus appuyé au niveau national, quel que soit le bord politique en charge de la nation, permettrait de mettre en place des actions publiques, législatives ou fiscales, comme :

- exonérer de charges sociales (hors Sécurité sociale) toute école, maison de retraite ou université préparant ses repas sur place avec un minimum de 50 % de produits bio. Cet effort permettrait de diminuer l'écart de tarif par rapport aux grandes cuisines centrales achetant en gros volumes des produits souvent peu synonymes de qualité environnementale. La perte de recettes pour l'État serait en partie compensée par les emplois créés directement et indirectement,

.../...

tous générateurs de charges sociales. Une telle politique favoriserait en même temps la pérennité des entreprises de production locales et participerait à l'éducation au goût et à l'environnement des enfants et des adultes. Le volume de commandes systématiques aurait une conséquence positive sur les prix des denrées et donc du prix final du repas ;

- orienter les aides de la PAC en priorité vers le bio et vers les cultures maraîchères de consommation locale. Cela permettrait d'aider cette agriculture saine et de proximité à proposer des tarifs en adéquation avec les possibilités financières des collectivités locales. Dans les zones aidées par la PAC, les collectivités auraient obligation de consacrer la moitié du montant de leurs achats à des produits locaux (cela implique de définir auparavant un périmètre « local ») ;
- mettre en place une TVA plus élevée pour tout produit frais non saisonnier (comme les tomates proposées en hiver) ;
- simplifier l'installation de fermes bio en créant un fonds de portage des terres non bio pendant les trois années obligatoires sans engrais. Ce fonds compléterait les revenus des jeunes agriculteurs débutant dans le métier tout en imposant, dans la période, de participer à un cycle obligatoire de formation à ce type d'agriculture ;
- créer une SAFER Bio pour permettre le développement à long terme du patrimoine foncier agricole bio en France ;
- former naturellement aux techniques du bio dans les lycées agricoles dès la première année et proposer une spécialisation en agroécologie au cours de la formation.

Pour aller plus loin : réduire les déchets et améliorer la qualité des repas en cantine scolaire ?

Regardez ce que les enfants laissent chaque midi dans les assiettes et les plateaux de la cantine. Vous constaterez qu'en moyenne la moitié des repas ne sont pas mangés et donc finissent à la poubelle. À quoi cela sert-il d'abîmer la terre à grands coups de pesticides pour produire moins cher et proposer des repas pas trop chers si cela se termine dans un sac poubelle et en définitive à l'incinérateur ?

Comment inciter les cuisines de la restauration collective à proposer des produits sains et ayant du goût ? Une bonne idée possible est la « taxe poubelle » qui pourrait fonctionner de la façon suivante :

- on calcule une norme nationale « poids de déchets nécessaires pour préparer un repas équilibré pour un enfant en primaire » (idem pour collège et lycée). Cette norme peut être saisonnière ;
- on considère comme déchet tout ce qui reste en dehors du repas consommé (les épluchures, les contenants, les restes de l'assiette…) ;

- on multiplie cette norme par le nombre d'enfants ayant déjeuné et on pèse les poubelles après le repas ;
- si le poids des poubelles est supérieur à la norme, l'école paie un malus proportionnel aux dépassements.

Pour arriver à être dans la norme, l'école peut proposer des produits avec du goût et donc souvent issus du bio ou d'une agriculture extensive, acheter local (surtout s'il existe des aides de l'État pour favoriser le local), éduquer nos enfants aux goûts en préparant des plats appétissants et pas repoussants comme le sont parfois les plats proposés noyés sous la sauce pour cacher qu'ils sont sans âme ni goût.

L'école peut aussi recycler ses déchets organiques (épluchures…) dans un composteur scolaire dans le but d'animer un jardin potager scolaire coopératif. Ce potager permettrait d'éduquer les enfants aux saisons, à la nature et ferait d'eux des jardiniers en herbe heureux de manger les carottes du jardin de l'école. Même lorsque l'école n'a pas la place d'organiser un potager dans ses locaux, elle peut trouver une solution alternative en s'associant à des jardins d'insertion de proximité. Quand on veut, on peut !

Les sommes collectées au niveau communal doivent bénéficier au système lui-même en étant, par exemple, partagées entre toutes les écoles n'ayant pas payé cette taxe dans l'année. L'inverse de la notion de double peine avec l'intégration du système du « double avantage ».

Vraiment utopique ?

L'importance du recyclage

Entre 1960 et 2000, la quantité de déchets ménagers produite par chaque habitant a doublé en France. En 2009, elle atteignait 391 kilos par habitant et par an[1]. À l'échelle de l'économie nationale, ce sont 868 millions de tonnes de déchets produits en 2008[2]. Ces quelques chiffres donnent le tournis…

L'économie de l'éphémère

Les jeunes mariés des années 1950 achetaient souvent une machine à laver de grande marque. C'était pour eux un gage de qualité, et ils savaient qu'ils la garderaient longtemps. À l'époque, on fabriquait des produits conçus pour durer 20 ans. Aujourd'hui, ce n'est plus le cas. Prenons pour preuve la durée des garanties complémentaires des produits électroménagers. Celle-ci a baissé au fur et à mesure que la qualité des produits présentés diminuait. Aujourd'hui, elle est au mieux de 5 ans et son prix est souvent très dissuasif pour un salaire moyen.

On peut trouver deux principales raisons à cette chute de la durée de vie des produits. D'une part, lorsque tous les ménages ont été équipés, il a fallu entretenir la machine à consommer. Dans ce climat, et la concurrence aidant, on a commencé à présenter au public des produits certes moins chers, mais à la durée de vie de plus en plus courte. D'autre part, depuis les années 1990, les innovations constantes renforcent cette dynamique de renouvellement des produits électroménagers. D'un côté, la machine à laver dernier cri calcule aussi bien le temps de lavage, la température de l'eau, la quantité de lessive à utiliser que l'âge du capitaine, mais est bonne à jeter dès lors qu'un petit composant électronique grille.

---

1. Source : Eco-emballage.
2. Chiffres Ademe.

De l'autre, poussés par l'envie d'être à la pointe des nouvelles technologies, nous n'hésitons pas à changer de téléphone portable, d'écran plat ou d'ordinateur portable avant même qu'ils ne tombent en panne[1].

Cette économie de l'éphémère ne se limite pas à ces gros achats d'électroménagers. L'entrée dans l'ère de la consommation et de l'abondance a fait de nous des machines à produire des déchets. Nous passons notre temps à acheter des produits pour en jeter d'autres, à acheter des produits dont nous savons pertinemment qu'ils ne dureront pas, à acheter des produits déjà démodés que nous ne regardons même pas. En 2010, chaque Français consomme en volume trois fois plus qu'en 1960[2].

Une pollution à grande échelle

À quoi cela sert-il de « manger » notre Terre en jetant rapidement ce que l'on a fabriqué, sans compter les risques écologiques qui peuvent découler de nos gestes ?

La nature peine à faire face à nos excès. La surconsommation se traduit par une montagne de déchets. Or, nous ne faisons pas attention à ce que nous jetons, et c'est ainsi que nous participons à polluer la planète.

Les piles que nous trouvons dans les jouets est l'un des nombreux exemples que l'on peut citer à l'heure où notre quotidien est envahi de composants électroniques, de LED et d'autres matières loin d'être sans conséquence pour la Terre. Entre les piles moulées dans les jouets en plastique et celles que l'on oublie d'enlever lorsque l'on jette un jouet, combien finissent dans une décharge ! Pourtant, les conséquences sont loin d'être mineures pour un oubli qui semble si anodin. Les piles finissent dans un incinérateur et polluent l'atmosphère, ou dans une décharge où elles ne tarderont pas à imprégner les sols de métaux lourds.

---

1. Lire sur le sujet le rapport *L'obsolescence programmée, symbole de la société du gaspillage. Le cas des produits électriques et électroniques*, Les Amis de la Terre et CNIID, septembre 2010.
2. Source : INSEE.

Les piles sont partout dans les objets du quotidien (tee-shirt, lunettes, pendentifs…) mais aussi partout autour du monde. Il n'est plus rare aujourd'hui de trouver au milieu de la brousse en Afrique des objets qui fonctionnent avec des piles. Lorsqu'elles ne fonctionnent plus, ces piles sont laissées dans les champs environnants où elles polluent les terres agricoles. Quel gâchis pour un continent qui doit faire face à de multiples défis !

Au nord comme au sud, si certains s'indignent encore en voyant des sacs plastique voler dans la campagne et sur les plages, pour beaucoup, c'est devenu une habitude, une donnée avec laquelle il faut composer. Mais la pollution ne s'arrête pas aux sacs en plastique. On trouve de tout dans les forêts, les rivières, sur le bord de la route, les trottoirs ou dans les caniveaux : cartons, bouteilles en plastique ou en verre, cannettes, machines à laver, bidets, meubles…

Et l'on trouve de tout partout. La beauté sauvage de l'océan est un leurre lorsque l'on connaît les niveaux de pollution que lui fait subir l'homme. Au large des côtes américaines, entre Hawaï et la Californie, s'est formé un 6e continent fait de 3,5 millions de tonnes de plastique, de pneus, de boîtes de conserve… Une décharge loin de tout, qui mesure tout de même 3,5 millions de km² de superficie (deux fois celle du Texas) et qui est composée de produits qui mettront pour la plupart plus de 500 ans à se décomposer[1].

Il paraît difficile de vivre sans consommer, mais on peut agir sur la quantité de déchets inutiles qui sont produits. Depuis les années 1990, les pouvoirs publics se sont saisis du problème et ont mené des campagnes publicitaires qui portent leurs fruits. Certains gestes sont entrés dans les habitudes des Français[2], il faut maintenant entretenir et compléter cette dynamique. Le Grenelle de l'environnement participait de cette logique. Les nouvelles campagnes de communication qui y font suite entretiennent le mouvement et sensibilisent les citoyens à de nouvelles idées, comme le compostage ou le développement du recyclage.

---

1. Source : www. www.notre-planete.info
2. En 2006, le taux de recyclage des déchets d'emballage était de 60 %, un chiffre qui laisse une marge de manœuvre : la France se classait 9e dans une étude portant sur l'Europe des 15. (Source : ministère de l'Écologie.)

Le recyclage, un secteur d'avenir

Depuis quelques années, on assiste à l'émergence d'un mouvement de récupération et de recyclage, et à leur structuration en activité économique pérenne. Le papier recyclé est certainement la plus grande « success story » dans ce domaine.

Il y a encore une dizaine d'années, l'idée même d'utiliser du papier recyclé dans une communication commerciale paraissait incongrue aux acteurs économiques de la plupart des entreprises. Le service financier voyait cette initiative d'un très mauvais œil car le papier recyclé coûte plus cher que le papier neuf. Le service communication voulait du papier plus blanc que blanc pour l'image véhiculée. Quel changement aujourd'hui !

L'utilisation de papier recyclé apparaît comme l'un des premiers gestes verts qu'une entreprise peut décider de mettre en place lorsqu'elle entreprend une démarche de RSE[1]. Chaque Français consomme en moyenne 150 kilos de papier par an. On pensait que l'arrivée massive de l'informatique diminuerait la quantité de papier utilisée, il n'en a rien été, bien au contraire. Le papier génère chaque année plus de 4 millions de tonnes de déchets. Lors du Grenelle de l'environnement, l'État s'est engagé à utiliser 100 % de papier recyclé dans ses administrations dès 2012. Quand on sait que le papier est le premier consommable utilisé par les activités administratives[2], l'initiative n'est pas anodine.

En parallèle du développement de la demande de papier recyclé, l'industrie papetière s'est adaptée. Ce qui était une activité artisanale et secondaire est devenu une industrie à part entière. Sur les 96 usines papetières que compte la France, 62 recyclent des papiers et cartons récupérés et 39 fabriquent exclusivement des papiers et cartons recyclés. Tout cela est possible grâce aux gestes verts des Français qui ont pris l'habitude de trier le papier. En 2009, 72,5 % des papiers et cartons mis dans le circuit de consommation étaient

---

1. RSE : Responsabilité sociale des entreprises. Il s'agit pour les entreprises d'intégrer des préoccupations sociales et environnementales dans leur activité et leur quotidien, de manière volontaire.
2. La consommation annuelle moyenne de papier au bureau est de 75 kg par personne. Source : Ademe.

récupérés. Ce sont ainsi 4,998 millions de tonnes de papiers-cartons qui ont été récupérés. 60 % de ces papiers et cartons connaissent une seconde vie[1].

Si l'exemple du papier est parlant, car nous voyons désormais partout des documents de communication imprimés sur du papier recyclé, ce n'est pas le seul secteur où le recyclage connaît du succès. De nombreux matériaux ne sont plus condamnés. Le verre se recycle à l'infini, le plastique connaît de nombreuses autres vies possibles, tout comme le caoutchouc, l'aluminium, l'acier, etc. L'économie du recyclage est prospère et dispose d'un bel avenir devant elle.

AGIR

Vous voulez agir en acteur de cette économie ? Voici quelques idées de métiers et le portrait d'un entrepreneur humain.

Les métiers du secteur de la récupération et du recyclage ont sans aucun doute le vent en poupe. À l'avenir, il sera si coûteux d'extraire et de transformer les matières premières que nous devrons récupérer et recycler. Dans ce domaine, les métiers sont multiples.

En premier lieu, tous les métiers liés à la collecte et au tri des matières récupérables sont amenés à se développer. Ces deux activités peuvent être envisagées dans un cadre social responsable, et même dans des structures associatives. Dans ce cas, il faut savoir organiser et animer le travail auprès de personnes plus fragiles. Pour s'engager dans une telle démarche, il ne faut pas rechercher la carrière, mais plus la joie sociale d'accorder son énergie et son temps à la socialisation et l'intégration de personnes plus démunies.

En second lieu, il faut des professionnels du stockage et de l'organisation. La chaîne de récupération et de réparation se doit d'être la plus performante possible pour être économiquement viable.

Viennent ensuite les métiers de la transformation. Métiers industriels par excellence, ils visent toute la chaîne de fabrication des produits et incluent également les métiers de maintenance des

---

1. Chiffres de l'Industrie papetière française, sur www.lepapier.fr

machines. L'Allemagne excelle dans cette activité depuis des années, et cet exemple est à suivre. Ces métiers ont un impact positif important sur la compétitivité industrielle du pays et offrent des emplois locaux qui entretiennent une dynamique vertueuse d'emploi régional.

Dans son organisation spatiale, la France met en valeur les pôles de compétitivité afin que les entreprises d'un même secteur se stimulent mutuellement. Une autre logique, à favoriser dans une approche écologique et durable, est de regrouper les entreprises interdépendantes et complémentaires dans des pôles de complémentarité. C'est un gain à la fois économique et écologique : moins de transport et valorisation des déchets d'une entreprise par sa voisine. Par exemple, une entreprise rejette de l'eau chaude produite pour son activité ; cette eau chaude est utilisée par sa voisine pour sa propre production, dont les déchets sont collectés par une autre entreprise qui les transforme en un produit fini, etc.). La gestion de type de zones industrielles « coopératives » peut donner lieu à des métiers d'animation et de rationalisation.

Les métiers de la recherche permettent de mieux valoriser les matières récupérées, les métiers commerciaux sont nécessaires pour vendre les produits issus du recyclage, le développement de l'artisanat dans le domaine de la réutilisation est infini, comme le montre la quantité de micro-entreprises proposant leurs créations dans les salons bio.

David Beaulieu, directeur d'Echo-Mer

« La lutte antipollution, toutes voiles dehors »

Un marin qui met pied à terre ne quitte pas tout à fait la mer. C'est du moins le cas de David Beaulieu qui, après avoir sillonné les océans, a amarré son voilier dans le port de La Rochelle, pour participer depuis la terre ferme à la protection de sa passion : la mer.

En 2001, il crée l'association Echo-Mer qui a pour but d'aider à la préservation des mers et des océans. Les plaisanciers sont donc la cible principale des premières actions de l'association. Toutes les idées sont bonnes à prendre : « Nous avons distribué aux marins amateurs des boîtes de tennis transformées en poubelle à piles », raconte le président d'Echo-Mer. Une idée simple pour un

© Daniel Burgi

geste très important : ne pas jeter les piles par-dessus bord. « Les plaisanciers sont assez sensibles au message écologique car ils évoluent dans un environnement naturel. Mais parfois, ils pensent juste à leur propre plaisir. Et il y a aussi des mauvaises habitudes qu'il faut changer », constate-t-il. Vaste chantier, donc, pour la jeune association qui ne s'arrête pas là. Echo-Mer agit dans les écoles pour sensibiliser les élèves, souvent plus attentifs que leurs aînés, s'enthousiasme David Beaulieu.

Quelques années après le lancement de l'association, il décide d'aller encore plus loin en se lançant dans l'aventure entrepreneuriale. « Je voulais faire quelque chose avec les voiles des bateaux. Jusqu'alors, c'était un déchet non valorisé », explique-t-il. Rapidement, il décide de doubler son action écologique d'un volet social et local. « Nous travaillons avec une SCOP locale », résume-t-il, laconique. C'est ainsi que voit le jour le projet *Textiles en mer*.

Un pari ambitieux lancé en 2007, et qui marche : non seulement l'association récupère désormais des voiles sur toute la région de La Rochelle, et même au-delà grâce à un bouche-à-oreille efficace, mais en deux ans le projet est devenu rentable et a permis à la SCOP partenaire d'embaucher des couturières. Lancé sur une idée originale mais incertaine, *Textiles en mer* se révèle être une formidable entreprise humaine, pour tous les acteurs associés. « Les salariées de la SCOP partenaire sont très impliquées », souligne David Beaulieu, « elles n'hésitent pas à me proposer des patrons de nouveaux objets. Par exemple, l'album photos est une de leurs idées ». Un exemple d'économie humaine qui a déjà fait des petits : « Je sais que des projets ont été montés jusqu'en Bretagne », confie l'ancien marin.

DÉVELOPPER

Pour aller plus loin dans cette économie ? Voici quelques sites internet qui concrétisent son expression, des pistes à explorer politiquement ainsi qu'une idée possible pour agir et faire comprendre.

Métisse, un isolant pas comme les autres

Créé en 1984, Le Relais est une entreprise membre du réseau Emmaüs[1] France qui s'est spécialisée dans la récupération et le recyclage du textile. À partir des vêtements que le réseau Emmaüs collecte et qui ne peuvent plus servir, il fabrique un isolant thermoacoustique. Dénommé Métisse, c'est un isolant composé à 85 % de fibres recyclées. Il vient d'être agréé par le CSTB[2]. C'est donc désormais un concurrent des produits classiques issus de l'industrie pétrolière, avec une valeur ajoutée humaine et environnementale dont ces derniers ne peuvent se targuer. D'ailleurs, le slogan de l'entreprise n'est autre que « Ensemble, cultivons la fibre de la solidarité ».

 www.lerelais.org/Isolant-Metisse

---

1. Le mouvement Emmaüs est né en mars 1954 dans la foulée de l'appel de son créateur, l'Abbé Pierre, en février de la même année.
2. CSTB : Centre scientifique et technique du bâtiment.

Les sacs Nature & Découvertes

Les sacs en papier de cette grande marque, qui a depuis de nombreuses années abandonner le plastique, se doivent d'être résistants au poids. Pour trouver un papier résistant, quoi de mieux que de réutiliser les chutes du papier cartonné servant à la fabrication des Tétrapack ? Ce papier est fabriqué selon la technique du carton tissé, ce qui lui donne l'avantage d'être très résistant. Nature & Découvertes distribue donc des sacs non seulement recyclables mais aussi écologiques. L'entreprise a poussé sa logique à placer l'usine qui fabrique ces sacs juste à côté de l'usine qui émet ces déchets industriels !

 www.natureetdecouvertes.com

Le réseau Envie d'Agir

Depuis 1984, cette structure de l'économie sociale est présente sur l'intégralité de la filière des déchets d'équipements électriques et électroniques (DEEE) : la collecte avec 80 000 tonnes de DEEE ménagers collectés, le réemploi avec 3 000 tonnes de DEEE rénovés vendus en magasins et le recyclage avec 25 000 tonnes de DEEE traités[1]. Sa mission principale, en sus d'éviter que ces déchets polluent la nature, est d'accompagner les personnes en difficultés sociales et professionnelles vers un emploi durable. Ses 23 entreprises de collecte et ses 42 magasins Envie en France emploient 400 salariés permanents et 900 salariés temps plein en insertion avec un taux de sortie positif de 60 %.

 www.envie.org

Les sapins recyclés

Roi des forêts et des fêtes de fin d'année, le sapin de Noël se retrouve abandonné dans la rue aux premiers jours de janvier. La ville de Paris a décidé de penser cycle de CO_2 en proposant un geste simple : après les fêtes, les habitants de la capitale sont invités à déposer leur sapin dans l'un des points de collecte prévu par la

---

1. Source : www.envie.org

ville. La municipalité se charge d'en faire du compost, évitant ainsi de consommer des énergies fossiles polluantes pour les brûler, ou les broie pour en faire du paillage, qui permet une moindre consommation d'eau d'arrosage. Les Parisiens qui font ce geste reçoivent en échange un sac de compost qui leur évitera d'acheter de l'engrais pour leurs plantes d'intérieur.

 www.paris.fr/ (paris pratique)

Les « déchétariens »

On les appelle les « déchétariens » en France, mais ils sont plus connus sous le nom de « freegans », anglicisme né aux États-Unis, pays d'origine du mouvement. Généralement jeunes, les *freegans* ont une philosophie qui s'inscrit dans l'approche altermondialiste : réduire au strict minimum leur participation au système économique contemporain, lutter contre la société de consommation et la surexploitation des ressources de la Terre, la surproduction d'aliments et d'animaux. Ils se nourrissent en fouillant les poubelles (d'où leur nom français) des supermarchés, des boulangeries et des restaurants, vraies mines d'or pour qui sait chercher. Ainsi, les *freegans* ne prennent que des produits tout à fait comestibles, mais jetés car leur date limite de consommation était proche ou parce que leur emballage était en mauvais état. Les produits trouvés sont partagés entre les membres de la communauté et parfois donnés à des personnes socialement exclues du système.

 www.freegan.fr

---

Quelques pistes de réformes

Transports de plus en plus chers, matières premières de plus en plus rares et chères, emplois de moins en moins locaux, le recyclage et la réparation proposent des pistes économiques fortes qu'il convient de mettre concrètement au cœur d'une approche politique nationale. C'est ainsi que pourrait être décidé :

- de proposer une TVA réduite à tout produit contenant plus de 50 % de produits recyclés, associé à un label permettant de le repérer rapidement. Par opposition, tout produit dangereux pour la nature (pesticides, engrais, diluants…) se verrait doter d'une TVA plus élevée que la norme ;

.../...

- de créer des pôles régionaux de complémentarité fondés dans la même dynamique nationale que les pôles de compétitivité. La logique du recyclage offrant une nouvelle façon de voir les lieux industriels, elle impose une interdépendance aux entreprises et donc une proximité territoriale. Prenons l'exemple des sacs papier produits à partir d'une usine produisant des chutes de carton d'une usine située juste à côté et qui utilise de l'eau chaude d'une autre usine à côté qui en rejetterait, etc. Cela permet en plus de proposer des emplois locaux non délocalisables ;
- d'imposer la récupération de tout produit utilisant des ressources naturelles limitées au travers de structures associatives ou coopératives. Le taux de récupération obligatoire dépendrait de la quantité de ressources restantes (moins il en reste à extraire, plus le taux de récupération devra être élevé) ;
- de mieux valoriser le métier de récupérateur recycleur et que localement celui-ci soit aidé par le prêt de locaux de proximité pour exercer au plus près son activité.

Pour aller plus loin : le liège, un cycle à lui tout seul

Le liège est un produit naturel qui possède de très grandes propriétés mécaniques et physiques comme l'élasticité, l'imputrescibilité ou l'imperméabilité. Ces qualités ont conduit les Grecs de l'Antiquité à en faire des flotteurs de filets de pêche, les Romains à fabriquer des chaussures d'hiver et les Champenois du XVIIe siècle à boucher leurs bouteilles de champagne et de vin. Aujourd'hui, une société comme Amorim[1] produit près de 600 millions de bouchons par an.

Le liège est aussi un très mauvais conducteur thermique et phonique, ce qui fait de lui un excellent isolant. Mais il est encore peu utilisé en France alors qu'il est valorisable à plus de 82 %[2]. Pourquoi ne pas organiser la récupération des bouchons de liège (ainsi que des plaques de liège) comme cela a été fait avec grand succès pour le verre ?

Ce liège récupéré par des entreprises sociales pourrait facilement être broyé pour fabriquer de nouvelles plaques d'isolation thermique et phonique. Elles seraient proposées comme isolant aux ménages, et particulièrement aux ménages à faibles revenus, dans le but de réduire leur précarité énergétique. Aujourd'hui déjà,

---

1. Société Amorim France est leader mondial de la production de bouchons de liège.
2. Source : www.amorimfrance.com

entre 2 et 3 millions de ménages sont en précarité énergétique[1] car contraints de dépenser plus de 10 % de leurs revenus pour se chauffer.

De nombreux pays sont déjà très actifs dans cette récupération :

- au Québec, le réseau de marchands indépendants Vinexpert a été le premier à organiser la revalorisation du liège à l'échelle des particuliers. Ce réseau, qui fournit l'équipement nécessaire à la fabrication de vin et de bière à la maison, a installé des containers à disposition des citoyens de la région pour récolter le liège ;

- en Australie, les bouchons en liège sont récoltés par des groupes de jeunes scouts, les *Girl Guides*. Elles sont chargées de rassembler tous les ans plus de 30 tonnes de liège en contactant amis, hôtels, restaurants, bars, clubs et caves. De plus, depuis quelques années, les Australiens sont encouragés à déposer les bouchons en liège dans un lieu spécifique, les « clean up site »[2] ;

- en Belgique, l'association Petit Liège (www.lepetitliege.be) a réuni plus de 15 millions de bouchons en moins de 4 ans. Les bouchons récupérés sont broyés et utilisés comme isolant en bioconstruction à l'état naturel, projetés entre les chevrons de planchers, ou chauffés sous pression pour former des plaques (chauffé sous pression, le liège libère ses propres résines et les granulés peuvent ainsi se souder les uns aux autres) ;

- au Portugal, la mairie de Sao Bras de Alportel (Algarve) a installé à côté des containers pour le papier et le verre des containers pour le liège et une industrie de transformation du liège a été mise en place. Elle fabrique des matériaux d'isolation utilisés dans le bâtiment et des petits objets (plats, plateaux...) qui sont décorés par des artisans locaux.

En France, le chêne-liège peut pousser dans le Sud de la France. La mise en place d'une industrie du liège serait positive à plus d'un titre : lutte naturelle contre les incendies grâce à l'entretien des terrains de production, mise en place d'emplois locaux saisonniers, etc.

---

1. Source : RAPPEL (Réseau des acteurs de la pauvreté et de la précarité énergétique dans le logement).
2. www.guidesaus.org.au

Planter des chênes-lièges, entretenir les forêts, récupérer du liège et le transformer en produit fini, récupérer les produits finis à base de liège, les transformer en isolants posés par des structures sociales chez des personnes qui subissent le prix du chauffage : voici un bel exemple d'économie rotative fondée sur le respect de l'homme et de la nature.

Le grand retour de la réparation et de la micro-location

Le recyclage, c'est réintégrer une chose dans un système, sans pour autant lui rendre la place qu'elle avait à l'origine. Par exemple, les bouteilles en plastique qui deviennent des pulls. La réparation, c'est restaurer, remettre à neuf un objet pour prolonger sa durée de vie dans le même rôle. C'est par exemple recoudre un bouton ou une fermeture Éclair sur un manteau. Une autre façon d'aller contre le tout-consommation.

Stop au gaspillage grâce à la réparation

Pendant longtemps, l'économie, poussée par une logique du toujours plus, a produit un maximum de produits sur le concept « achetez, jetez ». Nous avons profité de ce système pour acheter beaucoup de produits peu chers… mais absolument pas réparables. Le prix réel à payer, nous le connaissons : il suffit de regarder l'état de la planète aujourd'hui.

Il est difficile de changer ses habitudes. C'est pourquoi un objet cassé a souvent toutes les chances de finir à la poubelle. Il est vrai que nous ne sommes pas aidés, puisque les fabricants font tout pour que nous ne puissions pas réparer les produits que l'on achète. La colle est utilisée à tout bout de champ alors qu'il serait bien souvent beaucoup plus pratique que les éléments soient vissés les uns aux autres. Nous évoluons souvent depuis tout petits dans une société matérialiste. Du coup, un objet cassé dérange, alors on le jette. Mais beaucoup cherchent également à se débarrasser d'objets devenus encombrants simplement parce qu'ils ne s'estiment pas manuels et qu'ils n'ont jamais été incités à faire un peu de bricolage. On retrouve des vélos dans les foires à tout, juste parce que les freins ne fonctionnent plus !

La réparation est une alternative à la poubelle. Le message commence à porter, et la tendance finira peut-être par s'inverser. En tout cas, quelques signes ne trompent pas. Dans les centres-villes, des réparateurs de vélos et d'électroménagers réapparaissent. On répare de plus en plus car on s'est aperçu que c'est un geste globalement économique et souvent écologique. Au niveau des fabricants aussi la mentalité évolue. C'est par exemple le cas de Daxia, dont la *Logan* est conçue simplement, avec le minimum. Le but premier était de réduire les coûts pour proposer un modèle de voiture accessible aux moins aisés. Cet objectif est complet puisque la voiture est également simple à réparer, avec des pièces de rechange peu chères. Il est donc fort probable que les *Logan* d'occasion aient un certain nombre de kilomètres au compteur !

La réparation est un secteur où se côtoient savoir-faire ancestral et professionnalisation. C'est un secteur avant tout manuel, où évoluent aussi bien des amateurs très compétents que des personnes qui en font leur métier. Pour les premiers, c'est une façon de partager leur passion. Pour les seconds, cela peut être jusqu'à leur raison de vivre. Le secteur de la réparation s'est profession-nalisé mais reste très ouvert sur l'économie humaine. Ainsi, dans de nombreuses petites structures, la réparation favorise l'insertion de personnes en marge de la société, qu'elles aient besoin d'un coup de pouce pour remettre le pied à l'étrier ou d'un accompagnement plus soutenu.

Écologie et économies avec la micro-location

Plus qu'une tendance qui émerge, c'est un phénomène qui s'installe : depuis quelques années, la micro-location connaît un développement exponentiel. Le développement massif d'Internet a évidemment facilité cet envol. L'idée est simple : pourquoi acheter une perceuse si l'on sait déjà qu'on ne s'en servira que très peu ?

Le bricoleur occasionnel sera tenté d'acheter un matériel à bas prix et il risque fort de faire un achat de mauvaise qualité ou inadapté dans le temps à ses nouveaux besoins. Il est donc plus intelligent de louer du bon matériel plutôt que d'entasser du mauvais matériel non utilisé. Pour cela, un tour sur Internet suffit. Que l'on tape « louer une perceuse » ou « louer une échelle 3 plans » dans un moteur de recherche, on trouvera son bonheur.

Cette nouvelle façon de consommer a un nom : la « consommation collaborative[1] ». Elle se base sur deux principes forts : l'idée que l'utilisation d'un bien prime sur sa possession et qu'il faut favoriser les échanges directs entre particuliers, sans passer par un système institutionnalisé et centralisé. Comme l'explique Antonin Léonard sur son blog de la consommation collaborative, « la consommation collaborative est amenée à redéfinir à la fois ce que nous consommons, mais également comment nous consommons »[2].

AGIR

Vous voulez agir en acteur de cette économie ? Voici quelques idées de métiers et le portrait d'un entrepreneur humain.

Quand on fait une recherche sur les métiers de la réparation, on retrouve principalement les métiers touchant à la réparation des automobiles. Preuve est faite que notre société tourne principalement autour de ce segment facilitant les déplacements grâce au pétrole et que la réparation des autres produits de consommation est souvent liée à une passion ou à un esprit « bricoleur ».

Quelques entreprises détonnent en proposant un service de réparation de qualité. C'est le cas de la société Darty, qui en a fait une partie de son image de marque. Les techniciens de son service après-vente cherchent toujours à réparer les produits qui leur sont rapportés.

On peut aussi mettre sa passion de bricoleur en étant employé en interne au sein d'une entreprise pour réparer rapidement lampes néon, portes qui grincent, tiroirs récalcitrants… En plus de la rapidité d'intervention et du lien social que la mission tisse, on s'aperçoit souvent que cela revient moins cher à l'entreprise que de faire systématiquement appel à une société qui facture le déplacement.

Dans le domaine social, il est possible de travailler dans des structures qui proposent d'animer des équipes de personnes en insertion dans des activités de réparation. On peut aussi développer des services de réparation de proximité, cette fois-ci en allant vers les personnes.

---

1. Théorisée par Rachel Botsman et Roo Rogers dans leur ouvrage *What's mine is yours, The rise of Collaborative Consumption*, HarperBusiness, 2010.
2. Voir le blog : www.consommationcollaborative.com

Pour ceux qui aiment l'indépendance, ouvrir un atelier de réparation dans un centre-ville est une solution idéale. Qu'il s'agisse de réparer des vélos ou des téléviseurs, l'activité permet de renouer avec une activité de proximité, ce qui anime le centre-ville et recrée du lien social.

Emile Beucher, accompagnateur coopératif

« En quoi une société qui produit de la misère est-elle viable ? »

© *Émile Beucher*

Il rêvait de cultiver la terre, il est finalement devenu « accompagnateur coopératif », comme il aime se définir. Emile Beucher a un parcours atypique d'animateur technique des groupements d'éleveurs laitiers, de paysan « un peu trop avant-gardiste » et de formateur dans l'industrie puis auprès de demandeurs d'emploi. Des références originales (tout le monde ne cite pas le livre *Je suis comme une truie qui doute* comme lecture ayant éclairé ses choix professionnels !) et une envie débordante d'aider les autres. Avec un tel CV, le voici aujourd'hui accompagnateur de l'une des ressourceries les plus originales de France, *Mode d'emplois*, et depuis peu, trésorier du Réseau national des ressourceries.

Sa maxime préférée lui a été soufflée « par Raymond, un paysan de Juvigné, dans le département de la Mayenne. Il m'a dit un jour : "Écoute l'herbe pousser pour la regarder grandir". Ce fut une révélation », raconte-t-il avant d'expliquer : « Je sais désormais qu'il faut observer avant de vouloir changer les choses ». Pour autant, pas question de rester immobile. « Il faut semer pour récolter » assure l'accompagnateur coopératif de Mode d'emplois.

Juste avant le nouveau millénaire, Emile Beucher se découvre l'âme d'un entrepreneur. Il fonde Clic'n Puces, une association d'insertion qui emploie aujourd'hui 18 personnes et leur offre « la possibilité de se qualifier par l'expérience pour rebondir vers un emploi durable ». Cette expérience le fait basculer dans le monde de l'économie sociale et solidaire, qu'il ne quittera plus.

Motivé par l'idée de « re-fabriquer des espoirs pour tenter d'enrayer des destins », il aide à la création du chantier d'insertion Mod'Récup, à Bain-de-Bretagne. En février 2007, le chantier devient une ressourcerie. Le principe est simple : la ressourcerie récupère ce qui est réparable. Les objets sont réparés et revalorisés par des personnes en insertion, puis vendus dans la boutique solidaire de la ressourcerie au prix défini par la personne qui a redonné vie à l'objet. Un système bon pour le développement durable et très encourageant d'un point de vue social puisqu'il permet à des personnes exclues de se resocialiser par le travail et la reconnaissance de leur savoir-faire. « Enfouis, les déchets coûtent à la société. À Mod'Récup, ils deviennent une valeur ajoutée », résume Emile Beucher, qui ajoute : « L'économie peut devenir circulaire à la condition qu'elle replace l'homme au cœur de l'échange, quel que soit son niveau de qualification ». Une idée loin d'être utopique : « Aujourd'hui, Mod'Récup, c'est 136 000 euros de vente en boutique solidaire et de création de valeur ajoutée créée en local à partir des déchets ».

À la fois philosophe et réaliste, Emile Beucher conclut par ce constat tourné vers l'avenir : « Vu la quantité de déchets que notre société produit, nos ressources sont abondantes. Nous avons de l'or dans nos poubelles mais nous ne serons riches que si, par nos idées, nous savons les transformer ».

DÉVELOPPER

Pour aller plus loin dans cette économie ? Voici quelques sites internet qui concrétisent son expression, des pistes à explorer politiquement ainsi qu'une idée possible pour agir et faire comprendre.

Les ressourceries

Cette association, créée en 2000, est spécialisée dans le réemploi. Son action est en cohérence totale avec l'économie humaine :

- les équipes locales récupèrent ce qui est réutilisable et réparable au sein des déchetteries ;
- des personnes en insertion réparent ces objets pour leur donner une seconde vie et décident du prix auquel ils seront mis en vente ;
- les personnes en difficulté peuvent venir acheter à bas prix ces objets, aussi bien ceux utiles au quotidien que des jouets, réduisant ainsi leurs dépenses ;
- des mairies créditent des cartes solidaires (SOL) pour permettre à ces personnes d'acheter exclusivement dans ces magasins sociaux.

Les ressourceries sont écologiques parce que les objets que l'on y trouve sont fabriqués à partir d'objets abandonnés. Ainsi, leur production ne nécessite pas de nouvelles matières premières et évite l'accumulation de déchets. L'association a une activité équitable parce qu'elle n'a pas un but lucratif, mais aussi parce que pour donner cette seconde vie aux objets, elle crée des emplois et investit tous ses revenus pour développer des services souvent reconnus d'intérêt général.

 www.ressourceries.fr

L'association « Avec-Toit »

« Avec-Toit » est une association qui œuvre sur la commune de Tourcoing et son agglomération. Composée de bricoleurs passionnés, elle propose aux personnes en difficulté de se former aux petites réparations au travers d'ateliers participatifs et d'intervenir directement dans les logements de personnes fragiles (souvent âgées) pour leur faire des travaux de réparation améliorant ainsi leur quotidien.

 www.avec-toit.fr

Le garage associatif

Situé à Roubaix, ce garage propose plusieurs services d'aide à la réinsertion aux personnes qui rencontrent des difficultés financières et professionnelles :

▷ le prêt de voiture : l'adhérent peut, moyennant 5 euros par jour, disposer d'une voiture pour circuler dans un rayon de 50 kilomètres dans le Nord-Pas-de-Calais et en Belgique ;

▷ les services de l'atelier : pour réparer sa voiture, l'adhérent peut faire appel à une main-d'œuvre à prix compétitifs et participer à la réparation de son véhicule.

http://www.garages-solidaires.fr/adresse/gs-1243146827-zb_garage-associatif-de-roubaix.html

---

Quelques pistes de réformes

Certaines communes ou régions participent déjà à l'appui de cette forme plus humaine d'économie. Un relais plus appuyé au niveau national, quel que soit le bord politique en charge de la nation, permettrait de mettre en place des actions publiques, législatives ou fiscales, comme :

- inscrire des cours de bricolage au programme de l'Éducation nationale pour les écoles primaires et les collèges. Des associations pourraient collaborer à la mise en place de ces cours qui pourront susciter des vocations ;
- revaloriser le métier de réparateur en suscitant des vocations ;
- aider financièrement les petites mairies qui soutiennent l'installation en centre-ville d'un magasin de réparation et de location ;
- intégrer, dans les notes environnementales des produits, le niveau de difficulté de réparation dudit produit. Plus ce niveau est élevé, plus il devient alors possible de moduler des éléments constitutifs d'une TVA incitative à l'achat intelligent.

Pour aller plus loin : les groupements d'employés pour aider les petites entreprises à grandir ?

Dans ce domaine d'activité, il est fréquent de trouver des entreprises composées d'une seule personne. Si leur activité se développe bien, il peut devenir difficile de satisfaire toutes les demandes. Les délais s'allongent jusqu'à devenir insatisfaisants pour les clients. Mais comment passer d'une personne à deux personnes ? Ce doublement est aussi compliqué que si une entreprise de 1 000 personnes passait dans la journée à 2 000 personnes.

Des pistes ont été explorées dans ce domaine, mais sans succès. Les réponses proposées (annulation des charges sociales et patronales notamment) ne semblent pas correspondre aux besoins des personnes mais parfois plus à l'utilisation ponctuelle d'une opportunité fiscale et politique. De plus, elles impactent négativement les comptes sociaux.

L'intérim est bien sûr une solution mais pourquoi ne pas envisager une forme de coopérative ? La coopérative emploierait des CDI dédiés au travail manuel (couture, réparation d'électroménager, jardinage, etc.) qui iraient en activité un certain nombre de jours (à la carte) chez des petites entreprises monosalariales.

Ce système permettrait de salarier à temps complet des personnes au niveau du groupement, et de ne pas mettre la charge d'un équivalent temps plein (ETP) au niveau de la structure monosalariale qui achèterait, elle, des jours d'ETP en fonction de ses besoins. Cette organisation devrait pouvoir favoriser une logique de proximité afin de renforcer le tissu social local.

Les salariés du groupement auraient ainsi la possibilité de se confronter à des métiers manuels différents, chez des employeurs différents. Cela leur laisse le temps de décider de leur voie professionnelle ou de mieux connaître un employeur possible dans la filière choisie. Cette idée n'est pas une utopie puisqu'elle existe déjà au sein des groupements d'employeurs. Ceux-ci sont souvent présents dans le domaine agricole, mais aussi dans le domaine associatif pour aider les jeunes associations dans leur développement et leur laisser le temps d'embaucher[1].

---

1. GE - Emergences existe depuis 2003 et propose des compétences en ressources humaines, communication, secrétariat et conseil en gestion. Plus d'informations sur www.ge-emergences.com

Le développement de l'écohabitat

Outre le pétrole et l'électricité, une autre béquille artificielle a envahi nos vies : le béton. Impossible de faire deux pas sans tomber sur une construction, petite ou grande, réussie ou non, qui soit réalisée dans ce matériau. Plus de 9 milliards de mètres cubes sont produits chaque année…

Le béton a permis des prouesses techniques, en supportant des constructions auxquelles on a enlevé des murs porteurs[1], de faciliter la reconstruction de la France d'après-guerre, de relier des îles à la terre ferme, comme le pont de l'île de Ré. Mais cette *success story* se révèle aussi être un désastre écologique, environnemental et esthétique. Pas besoin de s'attarder sur la question esthétique : tout le monde a en tête les plages bétonnées et les océans de béton dans les banlieues des grandes villes. Quant à la question environnementale, on voit bien que le béton a permis de construire trop, n'importe où et n'importe comment. Attardons-nous sur l'aspect écologique. Le béton cache un terrible inconvénient : il n'est pas isolant naturellement.

Pour pallier cette faiblesse, les architectes ont débordé d'imagination au lieu de commencer par réfléchir. Combien de maisons en béton ont été posées au sol face à la route et non face au soleil, offrant un garage plein sud et des pièces à vivre plein est ou nord ? Place donc aux radiateurs dans toutes les pièces, qui marchent au fuel, au gaz ou à l'électricité ! Et pour isoler, le pétrole est roi, avec tous ses dérivés comme le polystyrène, le polyuréthane, le PVC, ou la fibre de verre, gourmande en énergie lors de sa fabrication. Mais ces solutions largement diffusées ne sont en réalité pas très efficaces.

---

1. Voir l'architecture du musée de l'Orangerie à Paris.

L'association Arbocentre[1] a effectué une étude pour le compte du Crédit Coopératif dans le cadre de réflexions sur la lutte contre la précarité énergétique, comparant l'écart annuel du prix de l'énergie sur la base des tarifs de l'énergie en septembre 2008 et pour une maison de 120 m² avec un étage habitable. Annuellement, une maison en béton assez bien isolée (130 kWh/an/m², soit en catégorie C sur l'échelle du diagnostic énergétique) consomme en moyenne 1 500 euros quand une maison à 50 kWh/an/m² de même surface consomme entre 500 et 1 000 euros de moins par an (par exemple, sur la base du chauffage électrique, la première maison consomme en moyenne 1 716 euros/an contre 660 euros/an dans le second cas). La norme thermique française a longtemps incité à chauffer son bien !

Outre cet aspect économique non négligeable, les bâtiments en béton, maisons comme immeubles de bureaux, cachent un autre gros défaut : les modes de production et les matériaux d'isolation se révèlent très agressifs et polluent l'air que nous respirons. On découvre aussi que les matériaux non naturels employés pour construire nos maisons jouent sur notre santé et entraînent une hausse des allergies[2].

Pour compléter ce tableau peu reluisant, on ne peut s'empêcher de penser un instant aux systèmes modernes et sophistiqués de climatisation que l'on trouve surtout dans les bureaux. Non écologiques par excellence, ils polluent autant l'air intérieur qu'extérieur et participent au réchauffement de la planète en émettant des gaz à effet de serre. De plus, leur utilisation entraîne une surconsommation d'énergie. Malgré cela, les systèmes de climatisation connaissent toujours un grand succès et se retrouvent aux quatre coins du monde.

Pourtant, il existe d'autres manières de ventiler les pièces. En Égypte, les condensateurs modernes ont remplacé une pratique ancestrale qui avait fait ses preuves : la voûte nubienne. Cette technique de construction de toit unique au monde assurait une ventilation naturelle de la maison, et donc sa fraîcheur, même sous ces latitudes. Cette technique, qui valorise l'artisanat, utilise des matériaux locaux (principalement de la terre). S'il est trop tard pour

---

1. Association spécialisée dans le domaine de la filière bois (voir les pistes pour aller plus loin dans ce chapitre).
2. Sur ce sujet, voir le livre de Georges Méar, *Nos maisons nous empoisonnent, Guide pratique de l'air pur chez soi*, Terre Vivante, 2003.

revenir sur les politiques d'urbanisme des grandes villes des pays du sud, il n'est pas trop tard pour adapter cette technique aux villages de brousse. C'est ainsi que l'association La voûte nubienne a exporté cette technique en Afrique de l'Ouest, où elle était inconnue, pour offrir une alternative crédible et écologique aux maisons de tôle, qui ont remplacé les maisons en bois, abandonnées faute de matière première[1].

Au nord aussi, on revient sur les techniques de construction déconnectées de l'environnement et des spécificités locales. C'est ainsi que depuis une dizaine d'années, les maisons bioclimatiques et naturelles font leur grand retour dans le monde de l'architecture. Ces maisons éco-conçues s'intègrent dans leur environnement et, au lieu de se battre contre lui, cherchent à en tirer parti (récupération de l'énergie solaire, des eaux de pluie, etc.). Écologiques, ces maisons sont aussi économiques au quotidien car elles réduisent les dépenses en énergie. Ce sont les maisons de demain.

En France, un pas a été franchi avec le Grenelle de l'environnement : désormais, les agences immobilières doivent indiquer le bilan thermique des maisons aux acheteurs. C'est un signal plus qu'encourageant pour les architectes de maisons climatiques, bioclimatiques, passives ou positives. D'ailleurs, l'État lui-même s'engage à lancer la rénovation de ses bâtiments d'ici à 2012 et vise une réduction d'au moins 40 % des consommations d'énergie et d'au moins 50 % des émissions de gaz à effet de serre de ces bâtiments d'ici à 2020.

AGIR

Vous voulez agir en acteur de cette économie ? Voici quelques idées de métiers et le portrait d'un entrepreneur humain.

L'écohabitat se présente comme un secteur extrêmement dynamique pour les années à venir. Entre l'évolution de la réglementation concernant les bâtiments, le besoin de formation autour de l'architecture bioclimatique, la rénovation des bâtiments, en ville comme à la campagne, et les nouvelles demandes de la société, les métiers qui gravitent autour de l'écohabitat sont nombreux.

---

1. Association La voûte nubienne : www. lavoutenubienne.org

Les estimations qui émergent depuis quelques années dans ce domaine font écho d'environ 100 000 nouveaux emplois par an, dont le tiers en création nette. À cela, il faut ajouter les dynamiques parallèles qui se constituent : fabrication des produits naturels utilisés dans l'écohabitat, restructuration de la filière bois pour faire face à ces nouvelles demandes, maintenance des nouvelles constructions, etc. C'est tout un pan de l'économie qui est en train de se structurer.

On trouve donc des métiers très variés dans ce secteur. Commençons par le plus évident : les métiers de la construction, qui vont de l'architecte spécialisé dans l'habitat écologique et bioclimatique aux constructeurs, en passant par l'ensemble des corps de métiers qui forment l'activité du bâtiment.

L'écohabitat promet aussi de redonner vie à de très nombreux métiers artisanaux, ce qui favorise le développement d'une activité économique locale. Cela peut être un signal fort et un exemple pour les nouvelles générations : toute l'activité économique ne se concentre pas en ville ! Parmi ces métiers artisanaux, on pense bien sûr aux menuisiers et leur travail du bois, ou aux ferronniers et aux chefs-d'œuvre qu'ils savent réaliser. Mais de nouveaux métiers apparaissent aussi : chauffagistes utilisant les ressources naturelles (géothermie, bois déchiqueté…), bio-électriciens qui assurent un environnement sain dans la maison, diagnostiqueurs thermiques et techniciens chassant les déperditions d'énergie, consultants et coachs qui accompagnent les personnes désirant éco-concevoir leur maison dans la réflexion préalable, le choix des entreprises et des matériaux, etc.

En amont de ces professions du bâtiment, nous retrouvons les cultivateurs de chanvre, de lin, de paille. Ces matériaux d'autrefois sont de nouveau à l'honneur. En plus, à l'inverse du « biocarburant » E85, ils ne concurrencent pas les terres agricoles car on garde le reliquat d'un produit agricole qui servira à l'alimentation (la tige, par exemple). À côté de ces producteurs, il faut des transformateurs qui créent le produit final utilisable par les professionnels. Dans ce domaine, l'imagination est sans fin. C'est ainsi qu'en Suisse, une entreprise fabrique un isolant à partir des herbes de prairies de montagne incorporées, une fois séchées, dans des panneaux en bois prêts à être posés[1].

---

1. Gramitherm (caractéristiques techniques sur www.granit.net).

Les métiers de la gestion des forêts et des scieries sont aussi intégrés à cette dynamique. Il s'agit notamment d'avoir le matériel adéquat pour découper au millimètre près les troncs d'arbres pour les maisons. Dans une logique durable, il est par ailleurs facile d'imaginer que les déchets de ces scieries pourraient servir à faire du granulé de bois pour le chauffage.

Savez-vous aussi que la sciure de bouleau est excellente pour alléger du compost ? Si les composteurs de jardin ou de balcon se diffusent partout, la production et distribution de ce produit peut créer des revenus d'appoint.

Les métiers artistiques ont toute leur place dans l'écohabitat : écologique ne veut pas dire rébarbatif. Par exemple, vue la place stratégique que doit occuper un poêle à bois dans une maison éco-conçue, mieux vaut qu'il soit agréable à regarder !

Les métiers de la recherche ont aussi un avenir. Pour créer l'isolant Métisse (voir page 45), il a fallu faire appel à ceux qui avaient les compétences pour définir ce produit. De même, le développement de la technologie des fils écrantés (pour éviter la pollution électrique) ou les recherches sur les énergies alternatives et la réduction de la consommation d'énergie (négawatt) font appel à des chercheurs qualifiés qui veulent agir pour la planète.

Enfin, toute l'activité commerciale est concernée par l'écohabitat. On peut prendre par exemple le cas des agences immobilières, dont les conseillers vont être appelés à développer des compétences pointues sur des questions techniques pour être capables de répondre à des futurs propriétaires curieux ou pointilleux.

Emmanuelle L'Huiller, architecte

*« Concevoir en architecte,
c'est avant tout être a l'écoute du lieu et de ses usagers »*

Est-ce la philosophie ou la poésie qui a poussé Emmanuelle L'Huillier à se lancer dans des études d'architecture ? Peut-être un peu des deux puisqu'elle se réfère à l'une comme à l'autre pour expliquer son choix. Une chose est sûre, entre Gaston Bachelard et sa *Poétique de l'espace*, et Heidegger et sa conférence sur *L'Homme habite en poète*, elle a trouvé sa voie.

Avec de telles références, impossible pour Emmanuelle L'Huillier de ne pas s'interroger sur son métier, et d'en tirer quelques conclusions. « L'architecture ne se suffit pas à elle-même comme un tableau. Il faut l'occuper, la parcourir, la vivre. Il faut qu'elle soit utilisée pour qu'elle existe » explique-t-elle. Une conception de son métier qui a définitivement orienté sa manière de la vivre. En effet, vivre l'architecture nécessite de l'avoir pensée et conçue avec justesse. Pour en arriver là, une solution :

être à l'écoute des lieux où l'on va bâtir et des gens qui vont y vivre. En un mot, résume-t-elle, « c'est une définition de l'éco-architecture ».

Emmanuelle L'Huiller est donc éco-architecte, et les défis de son métier, résolument tourné vers le futur, l'enthousiasment. Elle a fait le pari des écoquartiers, « une nécessité qui offre de belles perspectives d'avenir ». L'éco-architecte en est convaincue, il ne s'agit pas d'îlots « bobos » perdus dans la ville. « L'écoquartier ne supporte cette image que quand on le voit comme un quartier d'habitation où l'on a "vendu" une idée écolo sans penser globalement la ville », assure-t-elle.

En réalité, « un vrai projet d'écoquartier ne se construit pas seulement autour d'un bâti économe en énergie et utilisant des matériaux et des techniques de mise en œuvre respectueuses de l'environnement, il soutient également une économie de production locale, et doit entraîner une économie de maintenance locale pérenne ». Dans cette vision de l'écoquartier, tout s'enchaîne : la mixité sociale devient à la fois impérative et naturelle, tant les métiers sont variés et nécessitent des compétences différentes : emplois de services, économie de proximité – « une porte ouverte à l'économie sociale et solidaire », souligne Emmanuelle L'Huillier –, artisanat... « La mixité sociale et économique est la seule garantie de réussite » appuie-t-elle.

Si l'on ajoute à cette dynamique une stratégie durable en matière de transport, au sein et vers l'extérieur de l'écoquartier, celui-ci n'a plus rien de la forteresse isolée qu'il peut sembler être. « Dans ce cadre, les bobos écolo laissent une place à ceux qui savent renouer avec l'espace urbain, faire vivre la rue, et entretiennent une vraie cohésion sociale », observe Emmanuelle L'Huillier. « C'est cette cohésion qui assurera la réussite du quartier ». On connaît donc le secret de la réussite d'un écoquartier !

DÉVELOPPER

Pour aller plus loin dans cette économie ? Voici quelques sites internet qui concrétisent son expression, des pistes à explorer politiquement ainsi qu'une idée possible pour agir et faire comprendre.

Habitat Naturel

Ce magazine fait partie des titres de presse conçus pour permettre à tous de comprendre et de trouver des réponses accessibles aux diverses questions en lien avec l'écohabitat, ses concepts et ses aspects pratiques. Il apporte aussi un éclairage sur l'alimentation et l'hygiène de vie saine dans la maison.

www.habitatnaturel.fr

Le réseau Éco-bâtir

C'est un réseau d'acteurs de la construction écologique qui s'engagent à respecter une charte associant environnement, santé, économie humaine, cultures et savoir-faire. Cette association sans but lucratif permet de mutualiser les connaissances au profit de tous et forme les professionnels ou les autoconstructeurs. L'association est organisée en cinq collèges spécialisés : matériaux, construction, concepteurs, formation/promotion et usagers.

 http://reseau-ecobatir.org/

La Fédération nationale des coopératives d'HLM

Cette Fédération de la famille de l'économie sociale a inventé en 1997 un système permettant aux propriétaires particuliers ayant acheté dans les HLM construites par les coopératives, de pouvoir se faire racheter leur logement au prix d'achat si leur situation financière se dégrade (sécurisation HLM). C'est tout naturellement que ces coopératives ont décidé de protéger leurs occupants face à la hausse du prix des énergies fossiles et de leur impact sur les charges locatives, en construisant dorénavant en priorité des bâtiments bioclimatiques et/ou à base de matériaux naturels. Un excellent moyen aussi de faire travailler des artisans et des sociétés locales !

 www.hlm.coop

IFECO, un cadre très formateur

Derrière le sigle se cache un organisme de formation professionnelle qui vise à démocratiser l'usage, les techniques et les technologies liés à l'écoconstruction. L'IFECO (Institut de formation à l'écoconstruction) s'adresse aux professionnels du bâtiment (artisans, constructeurs, architectes, maîtres d'œuvre, bureaux d'étude, négociants, etc.) et aux acteurs institutionnels (communautés de communes, conseils généraux et régionaux, syndicats et associations de professionnels…). Mais il s'adresse aussi aux publics en qualification et en réinsertion.

 www.ifeco.fr

La passion du bois

Le bois est une matière noble. Des passionnés se sont regroupés en association pour diffuser la culture bois sous toutes ses formes : de la connaissance des arbres au travail des essences en passant par le respect de l'environnement. Rencontrer les bénévoles de cette association permet de mieux cerner tout ce qu'il est professionnellement possible de faire dans ce domaine. À noter que cette association tient salon à Lyon tous les deux ans.

 www.lapassiondubois.com

Arbocentre

Cette association a pour mission le développement durable de la forêt en région Centre. Ses études sur des domaines aussi variés que l'information, la filière bois, les métiers, la formation apportent beaucoup au débat sur l'avenir de la filière bois (par exemple, Cap Filière 2011). Pour s'en rendre compte, le mieux est d'aller visiter son site internet ou de prendre contact avec ses membres. Un exemple d'association qui devrait être présente partout en France.

 www.arbocentre.asso.fr

La Maison de Cèdre

Cette société propose des maisons à ossature bois inspirées à la fois des constructions nordiques et de l'habitat traditionnel asiatique. Elle s'est engagée dans une démarche globale de développement durable en devenant le premier constructeur picard à obtenir la certification NF maison individuelle ainsi que la certification NF maison indivi-duelle démarche HQE. C'est aussi l'un des tout premiers constructeurs de bois à être certifié en France. Cette démarche consiste en la mise en œuvre d'un système de management environnemental répondant aux exigences d'un référentiel précis permettant de proposer, de concevoir et de réaliser des maisons dont la qualité environnementale est exem-plaire. Bref, du fait maison quoi !

 www.maison-de-cedre.com

---

Quelques pistes de réformes

Si l'État a insufflé un nouvel état d'esprit dans les normes de construction, au profit souvent d'une approche plus énergétique que naturelle, il reste encore de nombreuses pistes à explorer. On pourrait nationalement :
- orienter les permis de construire en fonction de la priorité donnée à l'économie d'énergie en jouant aussi sur les impôts fonciers. Il est intéressant de constater qu'en Autriche, les permis de construire imposent de prévoir des systèmes de

.../...

récupérations des eaux de pluie. À Fribourg, lors de la construction d'un projet collectif, on fait payer l'autorisation d'avoir une place de parking afin que priorité soit donnée aux transports en commun. Pendant ce temps, à la Défense (Paris), on impose la construction d'un parking pour toute construction de nouveaux bureaux ! ;

- adapter l'offre assurance de garantie décennale, obligatoire en France, pour permettre aux a
- utoconstructeurs accompagnés par des associations de professionnels, de trouver de façon plus concurrentielle le financement de leur opération ;
- bonifier la durée de l'éco-prêt à taux zéro dans le cas de matériaux naturels produits dans une zone régionale de proximité ;
- permettre aux mairies de lutter contre la précarité énergétique des personnes les plus fragiles au travers de travaux effectués et directement intégrés dans les impôts locaux de la personne aidée ;
- imposer à chaque région de réduire son déficit extérieur énergétique en déployant les cultures locales et sans pesticides d'isolants comme le chanvre, le bois ou le lin, au travers d'une autre approche de la Politique agricole commune ;
- imposer enfin l'obligation de cheminées individuelles dans les nouvelles constructions collectives pour laisser à chacun le choix de son chauffage.

Pour aller plus loin : la bourse ou la paille ?

Parmi les matériaux naturels, la paille connaît actuellement un engouement sans précédent. Mais saviez-vous que ce matériau simple, très peu cher, au bilan écologique très positif, naturellement isolant et présent dans de très nombreux endroits en France, vient seulement d'être accepté comme isolant et bénéficie donc des garanties réglementaires. Un isolant connu depuis des millénaires vient enfin d'être accepté par l'homme moderne !

Grâce aux efforts du Réseau français de la construction en paille[1], connu sous le nom « Les Compaillons », la paille est maintenant au cœur des souhaits d'habitation et la pression est forte pour que ce matériau soit enfin accepté. Donnons-lui cette chance et passons déjà à l'étape d'après : le lien entre acheteurs et producteurs.

Il est fréquent de rencontrer des jeunes couples souhaitant construire ou faire construire leur maison avec ce fabuleux – et pas cher – matériau, mais se heurtant à la question cruciale : « où le trouver ? ». En face, il est fréquent de rencontrer des agriculteurs qui, tout aussi

---

1. RFCP : www.compaillons.eu/rfcp

amoureux de la nature, s'enorgueillissent de savoir que leur paille s'intègre dans la construction de maisons éco-conçues.

Pourquoi ne pas créer le site « La paille, ça me botte » qui permettrait aux agriculteurs de mettre en ligne leur volume de paille achetable en fin de saison (avant séchage) et aux jeunes constructeurs d'acquérir le volume souhaité pour leur construction *via* un paiement d'arrhes sécurisé ? Cela donnerait l'occasion aux deux parties de se rencontrer sans se connaître, de sécuriser la future construction en sachant que le volume de paille est trouvé auprès d'un agriculteur local, de commander la livraison de celle-ci au bon moment et d'assurer les agriculteurs d'être certains d'être payés et donc de rentabiliser le stockage de cette commande.

Une idée simple, gérable par une association comme Les Compaillons et faisable grâce au mécénat d'entreprises sensibles aux valeurs de l'écohabitat et de la nature. Il y a un millier de maisons en paille construites sur le territoire et ce produit est au cœur de l'action de très nombreuses associations en Europe. Il serait temps que ce matériau, exemplaire de l'économie plus humaine, arrive en France !

L'ÉCONOMIE DE LA CONNAISSANCE

S.O.S! JE SAIS PAS CHANGER MA ROUE !!!
EH! JE VOUS AI VU À LA TÉLÉ VOUS ! VOUS ÊTES LE PATRON D'UNE GRANDE USINE DE PNEUS !

Deuxième pilier de l'économie humaine, l'économie de la connaissance est peut-être celui qui semble le plus abstrait et le plus difficile à comprendre. Il n'en est rien. Trois verbes suffisent pour en résumer le cœur : apprendre, comprendre, transmettre. L'économie de la connaissance est tournée vers le savoir qui sert de moteur aux transformations actuelles de la société. Grâce aux nouvelles technologies de l'information et de la communication, les citoyens prennent en main leur destin : ils ne veulent plus se contenter de réceptionner l'information que les médias traditionnels diffusent, ils veulent comprendre, pour agir.

Dans le domaine de la consommation, la révolution est de taille : les consommateurs ne sont plus passifs face aux publicités qui deviennent de plus en plus agressives pour essayer de capter quelques nouveaux acheteurs. Ils s'informent sur les produits qu'ils achètent – principalement les produits alimentaires – mais aussi pour beaucoup, tous produits qu'ils consomment de manière générale. Internet permet de faire circuler l'information rapidement et d'entrer en contact avec d'autres consommateurs sur des sujets communs. Les consommateurs sont devenus consom'acteurs, et la tendance ne fait que se renforcer.

Ce deuxième pilier de l'économie humaine est donc promis à un bel avenir. Sur certains aspects, il est déjà rentré dans les mœurs. On vient de rappeler l'importance d'Internet comme moyen de s'informer, mais également de s'exprimer. Parmi les multiples facettes du Web 2.0, les réseaux sociaux sont certainement les plus représentatifs de cette mutation.

Mais cette économie est loin de se cantonner au monde du virtuel. C'est une économie du savoir, et celui-ci est porté au quotidien par les personnes qui nous entourent : toute rencontre peut être l'occasion d'apprendre quelque chose. Le savoir et le savoir-être sont des valeurs cardinales de l'économie de la connaissance. Et si celles-ci s'acquièrent et se développent tout au long de la vie, l'économie humaine porte une attention particulière à la période clé de l'enseignement : la transmission du savoir passe ainsi par une revalorisation du rôle des enseignants et des formateurs. C'est particulièrement vrai dans le cas de l'apprentissage, déconsidéré, à tort, dans la société française.

Car l'économie de la connaissance est aussi une économie concrète, que l'on peut toucher et vivre au quotidien. Les mathématiques et autres « sciences dures » (chimie, physique, biologie, etc.) ont pris une importance démesurée dans l'enseignement. Elles ont permis de partir à la conquête de la nature, pour mieux la maîtriser. Mais cela nous a fait glisser dans une économie « hors sol » qui, tout compte fait, nous appauvrit plus qu'elle ne nous enrichit. Certes, la philosophie, la littérature, les arts, ne sont pas des outils utiles dans la construction d'une société de consommation. Tout comme avoir une imagination créatrice, savoir bricoler et travailler avec ses mains, ne sont pas des qualités que l'on attend d'un cadre financier ou d'un employé de bureau. Mais il s'agit d'éléments essentiels de la nature humaine, qui a toujours été curieuse de son environnement.

Nous avons « coupé les mains et les rêves » de nos concitoyens en érigeant un modèle en norme absolue : le travail intellectuel. Nous avons déconsidéré le travail manuel au point d'en faire la porte de sortie honteuse pour des jeunes stigmatisés comme étant incapables de se conforter aux règles du système scolaire.

Pourtant, la main est le prolongement de l'esprit. Il est temps de lui rendre la place qu'elle mérite à l'école et dans la vie des citoyens. Car grâce à elle, c'est tout un ensemble de valeurs qui retrouve sa place dans notre société en favorisant les échanges intergénérationnels, l'ouverture au savoir de l'autre, le respect du temps nécessaire à l'accomplissement d'un travail. Un bon remède aux excès de l'immédiateté, de l'arrogance et de la solitude qu'amplifie l'actuelle façon d'être en société. Cette forme de connaissance intelligente, les Compagnons en font l'expérience au quotidien.

L'économie de la connaissance peut tout à fait s'intégrer dans la structure actuelle de l'économie : elle en changera de l'intérieur le mode de fonctionnement. C'est ainsi qu'elle promeut une approche nouvelle du management dont on ressent très fortement le besoin depuis quelques années. Peut-on accepter que des employés se suicident, comme ce fut le cas chez France Télécom ou Renault ces dernières années, ou que d'autres tombent en dépression à cause de la peur, de la pression et du stress que l'entreprise fait peser sur leurs épaules ? Le management qui prévaut aujourd'hui est inhumain, alors qu'il serait tellement profitable pour tous qu'il soit perçu comme le cadre de travail où règne le partage des connaissances, des idées et des responsabilités. Ce n'est de nouveau pas une chimère que d'imaginer un management humain. De nombreuses entreprises l'ont déjà adopté, comme toutes celles qui se sont structurées en coopératives.

Ce chapitre nous entraîne donc à la découverte de l'économie de la connaissance, une économie pleine de promesses pour tous les acteurs de la société, actifs ou non actifs, jeunes ou plus âgés ; ce pilier, plus encore que les deux autres, repose sur toutes les générations.

Les réseaux sociaux, pour échanger simplement

Peut-on imaginer aujourd'hui la vie sans Internet ? Impossible, ou du moins, très difficile ! Si le fait d'aller surfer sur le Web nous paraît maintenant évident, il faut tout de même rappeler qu'il a moins de vingt ans. Quant à pouvoir participer au contenu en ligne, c'est une révolution qui atteint à peine l'âge de raison…

Internet, un jeune géant

La préhistoire de l'Internet remonte à la fin des années 1950 quand les ordinateurs occupaient à eux seuls une pièce entière et disposaient d'une capacité de mémoire inversement proportionnelle à leur taille… En quelques décennies, pourtant, cette technologie a révolutionné notre quotidien. Après des débuts assez confidentiels (en 1994, il n'y avait que 2 millions d'internautes connectés[1]), le nombre d'utilisateurs explose à partir de 1995. En l'an 2000, 250 millions de personnes sont connectées à travers le monde ; en 2010, le chiffre symbolique de 2 milliards d'individus surfant sur le Web a été atteint.

Cette croissance exponentielle s'explique par la profonde mutation que connaît le Web au tournant des années 2000. Des pages statiques, où l'utilisateur ne peut rien faire que recevoir l'information qui lui est destinée, Internet est passé à un contenu dynamique, où l'internaute n'est plus seulement un lecteur, mais aussi un créateur du contenu disponible en ligne : c'est le Web 2.0. Désormais, non seulement l'internaute peut intervenir sur les pages mises à sa disposition, mais il peut également interagir directement avec d'autres utilisateurs. Le monde des internautes est une grande

---

1. Dossier *Internet dans le monde*, La Documentation française, décembre 2007 : http://www.ladocumentationfrancaise.fr/dossiers/internet-monde/index.shtml

communauté où l'on peut échanger sur tout et avec tous. À côté des sites internet apparaissent les blogs, les forums, les sites de partages de contenus (photos, vidéos, musique, etc.), les réseaux sociaux, etc. En un mot, la fièvre des médias sociaux s'empare d'Internet. Dix ans plus tard, elle est toujours d'actualité.

Bienvenue dans le village mondial

Notre voisin de palier est souvent plus un inconnu ou quelqu'un devant qui frimer qu'un potentiel partenaire pour une partie de cartes ou un invité pour l'apéritif. Dans notre société de consommation, la fréquentation assidue des centres commerciaux a effacé les liens avec les commerçants des centres-villes, et l'on peut passer facilement la journée sans dire bonjour à qui que ce soit, distendant au quotidien les relations sociales.

Mais les choses bougent. Certes, on consomme toujours mais on cherche plus qu'une information sur le prix. Un petit tour sur Internet s'impose pour savoir ce que les autres internautes ont pensé du produit que l'on a repéré. On fait son choix en fonction de nos critères et des remarques concernant les produits qui pourraient y correspondre… Un produit pas cher, dont la publicité vante les mérites, peut être mis à mal par la communauté de celles et ceux qui l'ont essayé !

Internet est devenu une sorte de place du village à l'échelle mondiale. On peut discuter de tout à toute heure du jour ou de la nuit, il y aura toujours quelqu'un pour vous écouter (ou plutôt, pour vous lire). Militants ou non, selon notre humeur et nos goûts, on y vient pour informer et s'informer, poser une question, trouver ou proposer une réponse, donner son avis, rencontrer des gens. C'est de cette manière que s'échangent les bons plans, les bonnes idées qui sont ensuite mises en pratique dans la vie quotidienne et bien réelle.

Les consom'acteurs sont ainsi très actifs sur les réseaux sociaux pour inciter les gens à adopter des écogestes dans leur vie de tous les jours, faire connaître des petits artisans locaux, donner leur avis sur les produits vendus en supermarché, etc.

Mais si les réseaux sociaux ont sans aucun doute un impact positif sur la circulation des idées et des savoirs, ils ne sont pas une compensation à un manque de relations sociales réelles. Une vie sociale active sur Internet ne signifie pas forcément une vie sociale aussi remplie dans la vraie vie, et se voir sur un écran d'ordinateur ne remplace pas une belle rencontre en chair et en os. Alors, si nous sommes capables d'être aussi ouverts sur Internet, pourquoi ne pas remettre un peu d'humanité dans notre quotidien ?

Restez connectés au monde réel

Un « bonjour » souriant au voisin de palier, au facteur ; un « merci et bonne journée » à la boulangère ou à la fleuriste, et c'est toute une chaîne de sourires et d'échanges qui se met en place. Un peu comme lorsque la personne qui vous précède vous tient la porte et que vous la remerciez en souriant et en la regardant dans les yeux. Geste fréquent même dans le métro parisien !

Les réseaux sociaux sont une forme moderne de notre traditionnelle envie d'être ensemble, d'échanger et de se rassurer, même si ces échanges et moments se font dans un système à distance. Vivre-ensemble, échange, respect des autres sont les liants fondamentaux d'une économie plus humaine.

Quant à nos idées, pourquoi ne pas les faire partager à l'occasion des café-débats en tous genres, organisés dans les grandes villes et même dans les villages de campagne, plutôt que de les réserver uniquement à Internet ? Et si rien n'existe près de chez soi pour organiser des conférences, des débats, des rencontres, pourquoi ne pas se lancer et monter une association ? Si nous sommes capables de nous livrer autant sur les réseaux sociaux, sans savoir qui nous lit, il devrait être possible de s'ouvrir un peu dans la vie réelle et recréer du lien social et humain autour de soi. Une étude américaine[1] montre que lorsqu'une personne appauvrit son réseau social réel, par ricochet, celui des amis qu'elle a quitté se délite également. Alors, qu'attend-on pour inverser la tendance ?

Voici les dates de création de quelques médias sociaux :

1995	1999	2003	2004	2005	2006
MSN	Blogger	LinkedIn MySpace	Facebook Viadéo	Daily Motion You Tube	Twitter

---

1. *Alone in the Crowd : The Structure and Spread of Loneliness in a Large Social Network*, John T. Cacciopo, James H. Fowler, Nicholas A. Christakis, *Journal of Personality and Social Psychology*, décembre 2009.

AGIR

Vous voulez agir en acteur de cette économie ? Voici quelques idées de métiers et le portrait d'un entrepreneur humain.

L'utilisation d'Internet comme média social est récent, et la plupart des métiers reste encore à inventer. Mais un certain nombre existe déjà. Au niveau de l'informatique pur, les ingénieurs informatiques seront toujours recherchés, surtout s'ils ont une spécialité, notamment dans le domaine de la sécurité en ligne, question prioritaire pour tous les sites internet. On peut citer également les administrateurs de base de données, les ingénieurs réseaux, les architectes de système d'information, les webmasters ou concepteurs Web et les développeurs de logiciels.

Après la technique, le contenu : Internet ne vit que par l'information qu'on poste sur le Web. Les métiers de l'information, de la communication et de la documentation sont totalement obligés de se transformer pour profiter et non subir l'arrivée de ce média. Journaliste, éditeur, documentaliste : autant de métiers à repenser et à redécouvrir. La polyvalence s'impose sur un média multiforme et interconnecté.

Les métiers de communication et de marketing évoluent aussi profondément. Désormais, les consommateurs ne reçoivent plus un message unique en provenance de l'entreprise, mais ont à faire à une multitude d'avis divers, et pas toujours aussi flatteurs. Aux communicants de savoir réagir et anticiper, aux chargés de marketing de réfléchir dès la conception des produits pour éviter au maximum les critiques.

Internet est aussi un milieu très ouvert aux créatifs en tous genres : photographes, graphistes, dessinateurs, infographistes… Autant de métiers qui se renouvellent complètement avec l'arrivée d'Internet, offrant de nouvelles opportunités et de nouveaux défis.

Du côté des réseaux sociaux, il paraît difficile de trouver d'autres métiers que ceux liés à l'informatique. Pourtant, on sent aussi naître des points locaux de réseaux sociaux animés par des associations qui, si le modèle le permet, peuvent arriver à salarier localement afin d'animer la vie sociale locale, de tisser les liens entre les différents acteurs autour d'un lieu de rencontre.

**Anne-Stéphanie Pierry,
créatrice de MyCoop,
le réseau social de l'économie humaine**

*« Grâce aux réseaux sociaux,
l'humain reprend un rôle actif et citoyen »*

Anne-Stéphanie Pierry est une jeune maman branchée. Ou plutôt devrait-on dire connectée : c'est elle qui gère le site internet MyCoop.coop, le réseau social des acteurs de l'économie humaine mis en place par le Crédit Coopératif en 2008. Elle en est convaincue, les réseaux sociaux et Internet sont la clé qui permettra à l'économie humaine de franchir toutes les portes pour toucher directement la plus large proportion de la population.

© Crédit coopératif

Pour la responsable Communication du Crédit Coopératif, les réseaux sociaux ont déjà fait basculer l'économie dans une nouvelle ère : « Les réseaux sociaux sont le vecteur qui a permis à l'humain de reprendre le pouvoir sur la communication des entreprises », affirme-t-elle. Son argument est clair : grâce aux réseaux sociaux, l'humain peut faire entendre sa voix, peser sur les stratégies d'entreprises et retrouver un rôle actif et citoyen. En conséquence, « les entreprises sont amenées à être attentives à leurs parties prenantes, elles ne peuvent plus mettre de cloison entre le consommateur, le citoyen et l'influenceur ».
En ligne, donc, plus de mur entre les acteurs de l'économie. Mais qu'en est-il de la vie des citoyens ordinaires qu'un peu de surf en ligne a finalement amené sur un réseau social ? Anne-Stéphanie Pierry en est persuadée, le virtuel peut être facteur de recréation de lien social. D'ailleurs, « plus on crée du lien virtuel, plus on crée du lien social », n'hésite-t-elle pas à déclarer, avant de citer l'enquête du Pew Research Center qui montre que les utilisateurs de réseaux sociaux ont, contrairement aux stéréotypes, une vie sociale plus active que la moyenne[1]. Et pour illustrer concrètement son propos, elle revient sur le projet qu'elle connaît le mieux : « Quand nous avons créé Mycoop.coop, nous avons lancé en même temps des soirées MyCoop qui permettent aux membres de se rencontrer et de débattre des thèmes autour de l'économie humaine. Le réseau social et les réunions se nourrissaient mutuellement et formaient un tout où l'un et l'autre ont la même importance ». CQFD.
Pour autant, Anne-Stéphanie Pierry est réaliste : le virtuel ne remplacera pas un échange bien réel. Ce n'est d'ailleurs pas l'ambition des réseaux sociaux : « Virtuel et réel sont deux choses différentes, avec des codes différents. L'idée n'est pas de faire aussi bien ou pareil. L'idée est de se compléter et d'aller encore plus loin », précise-t-elle. Et dans ce domaine, la responsable Communication du Crédit Coopératif est très enthousiaste : « Tout reste à faire ! Les initiatives fourmillent, nous n'en sommes qu'aux balbutiements. La nouvelle génération est née avec ces outils et va apprendre à s'en servir pour faire bouger le monde ». Faire bouger le monde... pour un monde plus humain, cela va sans dire.

DÉVELOPPER

Pour aller plus loin dans cette économie ? Voici quelques sites internet qui concrétisent son expression, des pistes à explorer politiquement ainsi qu'une idée possible pour agir et faire comprendre.

---

1. *Social Networking Sites and Our Lives*, Lee Rainie, Kristen Purcell, Lauren Sessions Goulet et Keith N. Hampton, 16 juin 2011.

Le réseau social de l'économie humaine

Lancé le 28 novembre 2008 par le Crédit Coopératif, MyCoop est le premier réseau social consacré aux initiatives économiques autour de l'économie humaine. Le site a pour but de fédérer les acteurs de cette économie et s'organise autour de trois verbes, qui la reflètent et qui servent de titres aux rubriques : s'informer, s'interroger, se rencontrer. La première rubrique permet d'aller plus profond dans l'économie humaine en relayant les articles publiés dans les sites et les blogs d'acteurs de l'économie humaine, la deuxième permet de poser des questions et de réagir aux réponses de la communauté, et la troisième permet d'échanger entre membres de la communauté.

 www.mycoop.coop

La communauté des CV

Les réseaux sociaux peuvent aussi avoir une finalité professionnelle. Ainsi en va-t-il par exemple de LinkedIn, considéré par beaucoup comme le premier réseau professionnel en ligne. Formidable exemple de l'essor de l'Internet comme média social, LinkedIn a été lancé en 2003 par Reid Hoffman, Allan Blue et une poignée d'autres férus d'Internet, avec une idée simple : permettre de publier et de partager son CV entre amis ou collègues. LinkedIn compte aujourd'hui 90 millions d'utilisateurs à travers le monde, dont 2 millions en France[1].

 www.linkedin.com

Un petit panda, deux petits pandas, et toi, et moi...

En première ligne sur le front de la protection de la planète, le WWF a lancé en 2008 un réseau social francophone dédié à la nature et à l'environnement. Échanges, débats et mobilisation pour la protection de la planète sont au cœur de ce réseau social à la fois militant et ouvert aux débats. Les groupes de discussion côtoient ainsi les ressources documentaires : photos, vidéos, articles et dossiers sur les thèmes chers aux amis de l'organisation au petit panda.

 www.planete-attitude.fr

---

1. Source : LinkedIn (http://press.linkedin.com/about/).

Vive les voisins !

La fête des Voisins[1], vous connaissez ? Peut-être faites-vous d'ailleurs partie des 6,5 millions de personnes[2] qui y on participé lors de l'édition 2010. Toujours dans le même esprit, l'association a lancé en décembre 2008 l'initiative « Voisins Solidaires ». Il s'agit d'aller plus loin que la soirée conviviale qui annonce depuis maintenant 10 ans l'arrivée imminente de l'été et de créer une chaîne de lien social pour se rendre des services entre voisins au quotidien.

 www.voisinssolidaires.fr

Des séniors accros !

Pour éviter que la fracture numérique devienne une fracture sociale et sociétale, les seniors doivent s'approprier l'outil informatique. Belle idée, mais comment faire ? L'association Au Cours des Âges a été créée en 2006 par un formateur informatique pour justement répondre à cette question. Des formateurs proposent des stages à domicile, dans des maisons de quartiers, dans des associations, pour lutter contre cette fracture numérique qui touche nos aînés et les enferment dans un isolement qui les laisse en marge de la société d'information numérique.

 www.aucoursdesages.fr

---

Quelques pistes de réformes

Les réseaux sociaux sont par nature non dépendants de l'État tant ils se situent au niveau personnel du citoyen qui en est l'acteur consentant. Leurs développements permettent la diffusion d'idées, de projets, d'initiatives et l'État a donc un rôle à jouer dans l'appui de ce développement citoyen. On pourrait décider :

- de rendre les habitants égaux, partout en France, devant la puissance des lignes téléphoniques et les câbles de réseaux qui permettent de se connecter à Internet, en obligeant les opérateurs à fournir une puissance minimale forte jusqu'au plus petit village ;

.../...

---

1. Cette fête a été initiée par Atanase Perifan, il y a 11 ans, et est devenue une association qui promeut cette idée dans toute la France (près de 800 mairies) et même dans de très nombreux pays européens (800 villes).
2. Source : www.immeublesenfête.com

> - d'apporter des moyens pour permettre le salariat dans ces réseaux ou dans les espaces locaux de ces réseaux (un peu sous la forme des emplois jeunes des années 1990) afin que l'homme agisse sur la machine en évitant que la vague d'informations ne noie l'envie de comprendre ;
> - de diffuser les réseaux sociaux dans toutes les écoles, facultés et universités pour former les jeunes à bien naviguer dans ces univers larges.

Pour aller plus loin : la bonne énergie des écoles solaires

L'école est un lieu de savoir et de lien social essentiel. Mais combien d'écoles peuvent s'équiper d'une salle informatique, compenser le surcoût nécessaire au passage de la cantine en bio, installer un potager avec sa serre bioclimatique ? Pour aider les écoles dans ces investissements lourds, mais essentiels, il y a le soleil !

En effet, les écoles disposent toutes de la même chance : elles ont un toit. Il est facile d'imaginer un système de location de ce dernier à une entreprise spécialisée dans l'énergie solaire qui, en échange de la possibilité d'installer des panneaux solaires, reverserait un loyer à l'école, laquelle pourrait l'utiliser pour équiper sa salle d'informatique ou passer au bio dans sa cantine. Le contrat étant signé pour une longue période (dix ou vingt ans), l'avenir de la salle informatique ou de la cantine bio s'envisage avec sérénité.

Ce dispositif peut être complété par la mobilisation de l'épargne locale (parents d'élèves, habitants de la ville), grâce à un cadre juridique et fiscal avantageux. L'idée devient tout à fait faisable dans une très grande majorité des écoles françaises. Preuve que ce n'est pas une utopie, elle a déjà été testée avec succès dans une école de Peyrilhac[1].

Écoles, facultés, universités, hôpitaux locaux.... Quand le soleil redonne une chance au local !

---

1. Source : www.blue-green-energy.com. Voir aussi le dossier de presse de Limoges Métropole, riche en informations pratiques : http://www.agglo-limoges.fr/lm.nsf/ALL/1A608FFF6138A64CC125774D004AE4D6/$FILE/DP%20Peyrilhac%20toiture%20photovolta%C3%AFque.pdf

L'apprentissage actif

Tout le monde apprend par cœur les tables de multiplication, et c'est utile au quotidien. Mais faut-il pour autant encourager le « par cœur » qui ne nécessite pas de comprendre pour réussir ? Certes, c'est un passage obligé et formateur : on ne peut pas inventer la date du Débarquement[1] ou celle de l'abolition des privilèges[2], ni deviner les conjugaisons des verbes irréguliers anglais et allemands. Mais de là à ne plus laisser de place au travail manuel, alors qu'il permet d'approcher de façon concrète de nombreuses questions ! C'est pourtant bien ce qui a été décidé au vu des programmes scolaires : le français et les mathématiques règnent en maîtres tout au long de la scolarité. Le but ? 80 % de bacheliers par an. Même les brevets professionnels sont récemment devenus des… Bacs Pro, pour faire mieux !

Rien ne laissait présager que les programmes finiraient par faire table rase des activités manuelles. Lorsque Jules Ferry fonde l'école républicaine au début des années 1880, c'est pour s'opposer à la pratique courante, sous l'Ancien Régime, de l'« enseignement fondamental et traditionnel du "lire, écrire, compter" ». Pour le ministre de l'Instruction publique, se focaliser sur ces trois savoirs est rudimentaire et ne permet pas d'offrir aux élèves un « enseignement vraiment éducateur ». Il faut renforcer les programmes par des enseignements accessoires : « les leçons de choses, l'enseignement du dessin, les notions d'histoire naturelle, les musées scolaires, la gymnastique, les promenades scolaires, le travail manuel de l'atelier placé à côté de l'école, le chant, la musique chorale. Pourquoi tous ces accessoires ? Parce qu'ils sont à nos yeux la chose principale, parce qu'en eux réside la vertu éducative de l'école primaire[3] ».

---

1. Le 6 juin 1994.
2. Le 4 août 1789.
3. Discours de Jules Ferry au Congrès pédagogique des instituteurs de France, 19 avril 1881.

Pour Jules Ferry, ces nouvelles matières incluses dans les programmes doivent permettre de lutter contre un enseignement qui forme l'esprit dans une logique mécanique. Certes, reconnaît-il, les élèves ne sauront peut-être pas aussi bien écrire au bout d'un ou deux ans que ceux qui ont été formés à l'ancienne école, « seulement, entre eux et les autres, il y a cette différence : c'est que ceux qui sont plus forts sur le mécanisme ne comprennent rien à ce qu'ils lisent, tandis que les nôtres comprennent[1] ».

Les enseignements accessoires sont donc fondamentaux, et pourtant ils ont disparu des programmes actuels de l'Éducation nationale. Et ce n'est pas parce qu'ils sont dépassés : en Finlande, pays dont la France jalouse chaque année les résultats au test PISA[2], ils sont au cœur du système scolaire. Chez ce voisin du nord, l'ambition première de l'école est de permettre à chaque élève de s'épanouir et de se construire. Visant à rester en contact constant avec la réalité, tous les savoir-faire sont valorisés. Les petits Finlandais, filles et garçons, s'initient donc à la cuisine, à la couture et au travail du bois. Ces matières sont totalement intégrées au programme scolaire et leurs enseignants participent au projet pédagogique de la classe. C'est ainsi que l'on peut voir dans une classe l'étude de la proportionnalité s'inviter dans une recette de cuisine, dans une autre, les fractions devenir évidentes avec le découpage et le partage d'un gâteau.

Même si ce système n'est pas sans défaut – certains estiment qu'à trop valoriser les aspects pratiques on oublie de former l'esprit critique des élèves – force est de constater qu'en Finlande, le manuel est reconnu. C'est ainsi que chaque année, près de 40 % des jeunes choisissent la voie professionnelle à la fin des études obligatoires (de 7 à 16 ans). Quelle différence avec la France où l'apprentissage reste encore souvent une voie de garage !

---

1. *Ibid.*
2. PISA : Programme international pour le suivi des acquis des élèves (www.educ-eval.education.fr/pisa2003.htm).

Une différence fondamentale
entre les systèmes français et allemand

Plus proche de nous, les Allemands ont aussi une toute autre estime de l'apprentissage qui représente une opportunité scolaire et professionnelle que de nombreux élèves saisissent. De l'autre côté du Rhin, elle peut amener aux plus hautes fonctions dans les entreprises. Comparer le monde des grands patrons français et allemands se révèle ainsi très instructif.

En France, en dehors des grandes écoles, point de salut ou presque. Cette tradition est bien ancrée dans les mentalités puisqu'en 1907, déjà, les dirigeants français d'entreprises étaient beaucoup plus nombreux que leurs homologues britanniques et allemands à avoir suivi des études supérieures (75 % contre 35 % et 57 % en 1907). À l'inverse, pour cette même année, les patrons allemands étaient 31 % à avoir fait leur carrière grâce à l'apprentissage, contre 18 % des patrons britanniques et … 4 % des patrons français[1].

Derrière ces chiffres, c'est une différence profonde de culture sociale, entrepreneuriale et économique qui se révèle. En France, c'est le diplôme qui compte, un point c'est tout. Et s'il n'est pas aux couleurs de Polytechnique, de l'ENA ou de HEC (encore mieux : le cumul de diplômes prestigieux), il est fort probable que son titulaire n'arrive jamais dans le fauteuil du PDG de l'une des entreprises du CAC 40. Car le patron français est très souvent un patron parachuté. Tout le contraire de la logique allemande où la promotion interne joue à plein dans les évolutions de carrière. On peut ainsi rentrer dans une entreprise comme apprenti et gravir peu à peu tous les échelons jusqu'au poste de directeur général.

Si la formation généraliste des grands patrons français leur permet de travailler dans des domaines très variés et de participer au jeu des chaises musicales, ils leur manquent souvent la culture d'entreprise qui leur permettrait de mieux comprendre leurs employés. De l'autre côté du Rhin, c'est à l'inverse ce qui fait la force des grands patrons. S'ils sont souvent spécialisés dans un domaine et donc moins mobiles,

---

1. Youssef Cassis, « Grand patronat et performances économiques : l'Allemagne, l'Angleterre et la France au XXe siècle », *Histoire, économie et société*, vol. 17, n° 17-1, 1998.

ils connaissent de l'intérieur la vie de leur entreprise. Plus enclins à la discussion syndicale, ils sont aussi plus respectueux des salariés et ouverts aux parcours de formation non (ou moins) académiques.

Ce choix ne fait pas de l'Allemagne un pays sans technicité et sans ingéniosité, bien au contraire. Malgré les secousses du XXe siècle, le pays a réussi à maintenir son savoir-faire industriel et ses capacités de production. Les Allemands sont fiers de leur industrie qu'ils ont toujours soutenue. Aujourd'hui encore, ils continuent à en développer toutes les branches, aussi bien celles de base que celles de pointe. En 2010, les exportations ont ainsi augmenté de plus 18,5 % par rapport à 2009[1], portées par les grandes entreprises et PME (80 % du total des exportations en 2007). Or, en Allemagne, l'industrie est un secteur où l'apprentissage est très présent. Choisir de favoriser cette voie dans son pays ne semble donc pas être un choix utopique et déraisonnable.

En ce qui concerne l'université et la recherche, l'Allemagne a une toute autre approche que celle hexagonale. La proximité entre la formation, la recherche et l'industrie paraît plus forte outre-Rhin qu'en France. Forte d'une recherche fondamentale de qualité, la France publique cherche à s'affirmer dans le domaine Recherche & Développement. À l'inverse, l'Allemagne pousse ses chercheurs à investir le champ de la recherche appliquée, avec une conséquence très directe : il y a trois fois plus de brevets par habitant en Allemagne qu'en France[2].

Pourquoi la France s'escrime-t-elle à pousser ses jeunes sur les bancs de l'université si ce n'est pas pour leur offrir des perspectives d'avenir ? Pays de Voltaire et de Descartes, la France perpétue cette tradition de savoir intellectuel, qu'elle honore. Elle semble préférer des chômeurs titulaires d'un doctorat à des autodidactes à l'aise avec le travail manuel. La massification de l'enseignement dès les années 1960 oblige les gouvernements successifs à réaménager le système scolaire. Mais la volonté affichée est d'ouvrir à tous les élèves de France la possibilité d'accéder aux études supérieures. L'enseignement technique et professionnel ne sera donc jamais considéré

---

1. *Spectaculaire reprise des exportations allemandes*, lepoint.fr, 9 février 2011.
2. *Mettre un terme à la divergence de compétitivité entre la France et l'Allemagne*, Rapport du Coe-Rexecode, 14 janvier 2011.

comme un enseignement égal à la filière générale. Un fossé se creuse entre les élèves à l'aise à l'école, orientés vers les études longues, et ceux qui ne le sont pas, qui sont envoyés en apprentissage.

Revaloriser l'apprentissage en France

Quel gâchis que de faire de l'apprentissage une punition, que de le rendre subi ! Un apprenti « forcé » n'est pas encouragé à prendre la mesure de sa chance : il est invité à s'exprimer par son travail manuel, source de reconnaissance directe et d'épanouissement. L'apprentissage « actif » est tellement plus beau si l'on se donne les moyens de le valoriser et d'accompagner le jeune. Il faut changer les mentalités pour montrer que choisir la voie de l'apprentissage n'est pas différent de la voie des études longues : le verbe « apprendre » est au cœur du parcours, le jeune a besoin d'être soutenu, encouragé, aidé.

Le plus bel exemple de la force que peut avoir la formation à un travail manuel nous est offerte par une institution séculaire, les Compagnons. Du latin populaire *companionem* qui signifie littéralement « celui qui partage le pain avec un autre » (*cum* : avec, et *panis* : pain), le compagnonnage désignait alors le temps du stage professionnel qu'un compagnon devait faire chez un maître avant de pouvoir travailler de ses propres ailes. Aujourd'hui, les Compagnons du Devoir se sont structurés en association mais gardent intacte la tradition. Avec pour philosophie une idée aussi forte que belle : le travail n'est pas comme une fin en soi, mais un moyen de se découvrir et de s'épanouir.

Leur façon de travailler repose dans quelques principes simples, et pourtant fondamentaux : « transmettre son savoir-faire, être volontaire, droit et fidèle dans ses engagements, être capable de se remettre en cause, avoir un goût marqué pour la liberté d'entreprendre et de penser[1] ». Le travail manuel reprend ainsi toute sa valeur, et le temps est donné au temps pour se former, apprendre, comprendre. Le respect est au cœur de l'échange entre le maître et l'apprenti, le premier transmettant son savoir-faire, le second ayant soif d'apprendre. Se former chez les Compagnons est une occasion unique, car outre cet art de transmettre et de valoriser le travail

---

1. *C'est quoi un Compagnon ?*, www.compagnons-du-devoir.com

manuel, les jeunes apprentis sont invités à entreprendre un voyage à travers la France ou à l'étranger afin de multiplier les expériences et les rencontres qui forment tout autant.

L'apprentissage a ainsi une seconde vertu : il impose à des gens en activité de partager du temps avec des jeunes. Étendu au-delà du cercle professionnel aux savoir-faire que des grands-parents peuvent apprendre à leurs petits-enfants, des personnes âgées à des enfants à travers des associations ou des jeunes à des plus âgés (l'informatique par exemple !), l'apprentissage témoigne de l'importance des liens intergénérationnels. Passer du temps ensemble, partager une passion : c'est tout un pan de l'économie de la connaissance qui se développe.

AGIR

Vous voulez agir en acteur de cette économie ? Voici quelques idées de métiers et le portrait d'un entrepreneur humain.

Au cœur de cette partie de l'économie humaine, nous retrouvons évidemment tous les métiers de formateurs dans les centres de formation des apprentis ainsi que tous les métiers administratifs qui aident à la gestion du centre.

Dans les chambres de commerce et d'industrie (CCI), il est fréquent que des personnes soient en charge du développement de l'apprentissage en reliant les demandes des commerçants et les recherches des apprentis. Ce métier, qui nécessite des talents de négociation et de suivi des personnes, n'est souvent pas assez reconnu. Les titulaires sont souvent débordés et obligés de se concentrer sur la spécificité de l'administration française : les papiers. Pourtant, ce métier est très important dans la chaîne économique locale et devrait se développer dans l'avenir.

Dans le domaine du compagnonnage, les maisons de compagnons offrent le gîte, le couvert et un lieu d'études aux apprentis en voyage. L'encadrement est assuré par des compagnons sédentaires qui ont pour devoir de veiller au bon fonctionnement de la structure dans son ensemble. Certaines équipes incluent des femmes au beau nom de « Mères des Compagnons ». Elles assurent la gestion quotidienne de la structure et sont aussi et surtout à l'écoute de ces jeunes, loin de leur famille. De même, des structures se créent pour maintenir les liens entre anciens et nouveaux apprentis. Tous ces sites demandent de la maintenance et de l'animation.

Comme le commerce équitable, il est possible que se développe dans l'avenir un label permettant de reconnaître les produits fabriqués avec passion, à travers la recherche de l'excellence et le transfert de connaissances. Un tel label aiderait les consommateurs à savoir ce qu'ils achètent et leur permettrait de s'assurer facilement qu'ils participent à soutenir le compagnonnage. Sa mise en place nécessiterait la création d'emplois pour informer le public et contrôler son apposition.

Eric Georget, chef cuisinier

« Être maître d'apprentissage,
c'est transmettre la passion d'un métier »

© Hostellerie Acquigny

Sous sa toque de chef cuisinier, Eric Georget est heureux. Avec sa femme, ils sont propriétaires depuis l'an 2000 de l'Hostellerie d'Acquigny, en Normandie. Ce restaurant gastronomique est l'aboutissement d'un beau parcours, réussi grâce à l'apprentissage.

Au lycée, Eric Georget cherchait sa voie. Non pas qu'il n'aimait pas l'école, mais il se sentait plus attiré par le monde des adultes que par celui des adolescents qui l'entouraient. Motivé par son envie de créer et faire plaisir aux gens, il découvre sa voie dans l'épicerie-boucherie-restaurant de son village où il passait son temps libre à aider en cuisine et pour le service. En 1989, il est décidé et commence un BEP en alternance.

Une orientation qu'il a choisie et qu'il ne regrette pas du tout : « J'avais envie d'apprendre concrètement un métier, et surtout, un métier qui entraîne une lueur de plaisir dans l'œil du client », explique-t-il. Au milieu des casseroles, il a trouvé son bonheur : la cuisine est un lieu formidable car « la palette est illimitée en goûts, en couleurs et en produits. La créativité y a toute sa place ! », s'enthousiasme le chef cuisinier. Eric Georget aime son métier et sait en parler : « C'est un métier artistique et tisseur de connaissances : on crée des recettes, on tente des choses, on mélange des cultures ».

C'est aussi un métier qui crée des liens. Eric Georget n'est pas toute la journée derrière les fourneaux, même s'il passe souvent 10 heures par jour dans les cuisines. Il prend le temps d'aller à la rencontre de producteurs locaux passionnés et de voir comment ils préparent leurs produits. Il devient le relais de cette passion par les plats qu'il prépare et dont il parle avec entrain. « C'est plus vivant de parler d'un produit quand on sait d'où il vient ! ».

Sa passion, Eric Georget tenait à la faire partager aux jeunes. Il est donc naturellement devenu maître d'apprentissage et reçoit des jeunes en formation dans ses cuisines. « Je suis responsable de jeunes pendant deux ans et je dois les emmener au bout de leur parcours non pas en les poussant ou en les tirant, mais en les accompagnant », explique-t-il. Il regrette que l'école transmette encore une image négative de l'apprentissage et dévalorise ceux qui en font le choix. Car pour le chef cuisinier, l'apprentissage, c'est tout le contraire : « Il ne faut pas dévaloriser l'apprentissage, il faut donner envie aux jeunes de dire à leurs amis "je m'éclate et en plus je gagne ma vie !" », s'exclame-t-il.

Quand on lui demande comment il comprend qu'un apprentissage est positif pour le jeune, il répond du tac au tac : « Un apprentissage positif, c'est quand un jeune montre son intérêt pour ce qu'il fait, quand il vient rejoindre l'équipe avec le sourire malgré la dureté de ce métier ». Quant au plat qui représenterait la cuisine d'un apprenti, Eric Georget a une formule tout en image : « La première assiette de l'apprenti est surchargée car il veut bien faire. Ensuite, elle se simplifie car l'apprenti apprend son métier, mais elle conserve toujours une certaine fraîcheur et une sympathique naïveté ». Et c'est pour transmettre encore mieux ses connaissances qu'Eric Georget est devenu maître-restaurateur.

DÉVELOPPER

Pour aller plus loin dans cette économie ? Voici quelques sites internet qui concrétisent son expression, des pistes à explorer politiquement ainsi qu'une idée possible pour agir et faire comprendre.

Transmettre sa passion aux enfants

Travailler la matière, raboter une planche de bois, tailler une pierre… Ce sont des pratiques ancestrales mais elles demandent une certaine expérience et les bons outils pour être correctement effectuées. Un savoir-faire que des artisans à la retraite transmettent avec plaisir à des enfants grâce à l'association L'outil en main. Née en 1987 à Troyes, l'association permet aux jeunes de découvrir dès l'âge de 9 ans les métiers manuels, accompagnés pour cela par des gens du métier, à la retraite mais désireux de rester dans « la vie active », et à l'aide de vrais outils. Un échange gagnant-gagnant, qui réunit anciens et jeunes aussi bien en milieu rural qu'en milieu urbain.

 www.loutilenmain.asso.fr

L'univers des Compagnons

Les Compagnons du Devoir s'adressent aussi bien aux jeunes sans qualification qu'aux jeunes déjà qualifiés qui souhaitent prendre un nouvel envol grâce à un tour de France ou du monde du compagnonnage. C'est l'occasion de préparer les examens officiels tout en faisant naître, ou renaître, en eux le goût d'apprendre.

Depuis 1988, l'association se dote progressivement de structures spécifiques aux métiers en créant un institut pour chacun des métiers. Il en existe déjà une quinzaine couvrant des domaines très variés.

 www.compagnons-du-devoir.com et www.compagnons.org

Préserver notre patrimoine local

Restaurer une vielle bâtisse en respectant son identité, son environnement et l'esprit de la région, utiliser les bons matériaux, les bons gestes et les bons savoir-faire... Penser à tout cela est souvent difficile quand on est seul. L'association Maison Paysannes de France a été fondée sur ce constat. Ses adhérents aident bénévolement les néopropriétaires d'une maison ancienne à la restaurer en faisant partager leurs expériences et leurs passions pour ces maisons. Cette passion permet aussi le renouveau de métiers qui tendaient à disparaître comme la ferronnerie artisanale, la taille de la pierre... Un beau moyen de transmettre l'histoire et de donner envie aux enfants de s'orienter vers des métiers manuels.

 www.maisons-paysannes.org

Dès la maternelle, laisser respirer la sensibilité de l'enfant

Maria Montessori (1870-1952) était un médecin et une pédagogue italienne qui a donné naissance à une nouvelle méthode pédagogique qui porte son nom, la pédagogie Montessori. Une cinquantaine d'écoles ont adopté cette méthode en France et accueillent les enfants de 0 à 12 ans. La pédagogie Montessori vise à offrir à l'enfant la possibilité d'épanouir au maximum ses différentes sensibilités tout en s'éveillant à la vie sociale. Ces écoles utilisent une panoplie de matériels permettant aux enfants de manipuler, d'observer, de réfléchir, de déduire, de comprendre, de penser.

 www.montessori-france.asso.fr

Construire pour comprendre

Le Moyen Âge est pour beaucoup une période très lointaine étudiée dans les livres d'Histoire, un peu figée et pas très concrète. Au cœur de la Bourgogne pourtant, le Moyen Âge est arrivé au XXIe siècle. Les équipes de Guédelon, Chantier Médiéval travaillent depuis 1997 à la construction d'un château fort selon les techniques et avec les matériaux de l'époque. Les visiteurs découvrent ainsi l'importance des métiers manuels, omniprésents sur le chantier : carriers, tailleurs de pierres, maçons, bûcherons, charpentiers, forgerons, tuiliers, charretiers, vanniers, cordiers… et plongent dans des matières soudainement ludiques et passionnantes : histoire, architecture, géométrie, mécanique, etc.

De l'autre côté de la France, en Charente, un autre chantier a débuté aussi en 1997 : la reconstruction de la frégate l'Hermione. Une frégate mythique puisqu'elle permit à La Fayette de traverser l'Atlantique pour rejoindre l'Amérique en 1780. Ce chantier offre aux visiteurs la possibilité de découvrir les métiers liés à la construction navale traditionnelle : charpentiers de marine, forgerons maritimes, cordiers, voiliers… Des métiers qui pourraient renaître dans une version XXIe siècle : la marine à voile pourrait faire un grand retour si la hausse du prix des carburants se poursuit dans les décennies à venir.

 www.guedelon.fr et www.hermione.com

Quelques pistes de réformes

La France semble redécouvrir les vertus de l'apprentissage et tente de s'inspirer de ce qui se passe en Allemagne depuis tant d'années. Mais il s'agit aussi de rattraper un retard culturel face à ce système éducatif qui place le travail manuel au cœur du métier. Pour rattraper ce retard, on pourrait :

- rééquilibrer l'image de l'apprentissage par rapport à la filière générale en mettant en valeur le travail manuel et en appuyant la notion d'excellence que propose le compagnonnage ;
- intégrer des cours de management et de pilotage de projets dans la formation des apprentis et au fil de leur carrière afin d'en faire des patrons modernes et de même niveau que ceux passant uniquement par la voie des écoles supérieures ;
- créer un label caractérisant les produits fabriqués dans le réseau des Compagnons ;
- proposer un système permettant aux artisans proches de la retraite et qui le désirent de partager leurs temps entre leur activité et la formation des jeunes apprentis, en devenant des éducateurs. Ces temps d'échange privilégiés se feraient ainsi en dehors du cadre parfois stressant de l'activité commerciale et pourraient être financés par les fonds consacrés à la formation professionnelle.

Pour aller plus loin : n'est pas restaurant qui veut !

Aller au restaurant est un plaisir bien ancré dans le cœur des Français qui aiment la gastronomie et les moments conviviaux.

Mais au moment où le repas gastronomique français fait son entrée au patrimoine culturel immatériel de l'Unesco[1], force est de constater que de moins en moins de restaurants préparent et transforment sur place leurs produits… souvent pour la simple raison qu'il faut rogner sur les marges ! Une enquête diffusée par Canal + en février 2011[2] expliquait les mécanismes de cette dérive : pour maintenir ou augmenter les marges, les restaurateurs emploient moins de personnel en cuisine. Pour compenser, ils ont recours à des produits surgelés ou des plats préparés par les industriels de l'agroalimentaire. Ceux-ci ressemblent certes à un plat préparé en cuisine, mais sans intégrer la même qualité et sans favoriser les produits locaux. Une partie de la restauration est en train de devenir un métier d'assembleur et de chauffe-gamelles, et le client n'a pas moyen de savoir ce qu'il se passe derrière les fourneaux.

Pourtant, une idée simple pourrait permettre au consommateur de savoir à quoi il doit s'attendre dans son assiette, et ce sans même mettre le pied dans le restaurant : l'instauration d'un label restaurant. Au même titre qu'une boulangerie ne peut porter fièrement ce nom aujourd'hui que si elle pétrit et cuit sur place, le mot « restaurant » serait réservé aux lieux qui utilisent des produits frais et transforment en totalité sur place avec un pourcentage de produits surgelés ne dépassant pas la barre des 20 %. Les produits finis surgelés étant obligatoirement indiqués sur la carte avec un icône reconnaissable.

Tout autre lieu de restauration optant pour des produits qui ne sont qu'assemblés en cuisine ne pourrait pas s'appeler restaurant et deviendrait des « salles à manger » comme sont devenus « dépôts de pains » les lieux qui ont fait le choix de simplement cuire du

---

1. En novembre 2010, la gastronomie française a été inscrite sur la liste du patrimoine culturel immatériel de l'UNESCO, avec deux autres éléments de la culture française : le compagnonnage et le savoir-faire de la dentelle au point d'Alençon.
2. « Restaurants : les pieds dans le plat », diffusé le 19 février 2011 sur Canal+.

pain dont la pâte leur arrive surgelée. Cette différence de dénomination doit permettre de reconnaître le travail des vrais restaurateurs, la qualité et le goût de leur cuisine.

Un effort en ce sens a été entrepris par la profession. En 2007, suite à un accord avec le gouvernement, le label « maître restaurateur » a fait son apparition. Il est accordé aux restaurants qui réalisent une cuisine authentique, sous la responsabilité d'un chef cuisinier, sans recourir à l'assemblage ou à des plats déjà préparés qu'il suffit de réchauffer[1]. La qualité en cuisine est récompensée dans le portefeuille puisque le restaurateur bénéficie, pour son restaurant, d'un crédit d'impôt égal à 50 % des dépenses engagées pour obtenir le titre[2].

Ce label est une première étape, mais pourquoi ne pas aller encore plus loin ? En différenciant encore plus clairement le restaurant de la salle à manger, on valoriserait non seulement la qualité de la cuisine, mais aussi le travail manuel qui est derrière chaque plat préparé. L'État pourrait reconnaître ce travail en maintenant, pour les restaurants uniquement, la TVA à 5,5 %. Un accord de branche pourrait également reconnaître le travail des employés de cuisine en leur assurant un salaire minimum à 130 % du SMIC.

Un tel label est simple à mettre en place et générerait des retombées positives localement en relançant la production et le commerce artisanal locaux. Un restaurant proposant une carte de 30 plats issus uniquement de la filière des surgelés ne génère aucun emploi local dans l'agriculture. Pire, cette filière entretient la centralisation des achats par les producteurs de ces plats, achats motivés par les prix bas et non la qualité et l'impact environnemental. Un système à l'opposé de celui préconisé par l'économie humaine.

---

1. *Le titre de maître restaurateur*, ministère de l'Économie, des Finances et de l'Industrie, www.pme.gouv.fr
2. Voir le Code général des impôts, article 244, quater Q.

Une nouvelle façon
d'entreprendre et de manager

COMPRENDRE

Pour conclure la présentation du deuxième pilier de l'économie humaine – l'économie de la connaissance – nous abordons un thème un peu différent des autres. Cette fois-ci, il ne s'agit pas de parler d'un secteur d'activité dans lequel cette économie peut se développer, mais plutôt d'un type d'organisation de l'entreprise qui s'intègre naturellement dans la logique de l'économie humaine : la coopérative.

Application pratique et concrète de l'économie sociale et solidaire, cette forme d'entreprise voit le jour en Europe au XIXe siècle. Le continent vit alors la révolution industrielle qui crée et creuse les inégalités. La coopérative est une réponse aux excès du capitalisme de l'époque. Si l'État se montre très défavorable aux initiatives collectives « venues d'en bas », le concept des coopératives rencontre immédiatement du succès. Apparaissent ainsi les coopératives d'ouvriers – ces derniers voulant être maîtres de leur outil de production –, les coopératives de consommateurs, les ouvriers salariés s'organisant pour ne pas dépenser leurs maigres ressources dans les magasins patronaux mais *via* des circuits moins onéreux, et les coopératives de commerçants, qui se regroupent pour réduire leurs coûts. Les coopératives de crédit voient également le jour à cette époque.

En France, il faudra attendre 1867 pour que les coopératives soient reconnues par l'État. Dans la première loi sur les entreprises[1], votée sous le Second Empire, un chapitre entier est consacré aux entreprises à capital variable, dont les coopératives sont une forme de plus en plus présente dans le paysage économique. À l'époque du

---

1. Loi du 24 juillet 1867 sur les sociétés, en particulier le chapitre III, consacré aux entreprises à capital variable.

vote de la loi, on compte ainsi près de 300 coopératives[1]. D'autres lois[2] ont défini par la suite les cadres réglementaires et d'administration plus précis. On compte désormais des coopératives d'entreprises (coopératives agricoles, maritimes, d'artisans, d'entreprises de transport, de commerçants de détail), des coopératives d'usagers (coopératives scolaires, de consommateurs, d'HLM, copropriété coopérative), des coopératives de production (SCOP), des banques coopératives et des sociétés coopératives d'intérêt collectif (qui permettent de réunir des acteurs divers autour d'un même projet).

Depuis, le développement des coopératives ne s'est jamais démenti. On en compte aujourd'hui plus de 21 000 dans tout le pays ! Les coopératives agricoles représentent 40 % de l'agroalimentaire en France, les coopératives de commerçants représentent près d'un quart du commerce de détail et les banques coopératives constituent 60 % des dépôts bancaires[3]. Si la grande majorité des coopératives de production (SCOP) sont de petites structures locales, certaines, notamment de commerce de détail, ont acquis une notoriété nationale, voire internationale : Chèque Déjeuner, E. Leclerc, Optic 2000, Intersport, Weldom…

Repenser l'entreprise et le travail

Certes, en 2011 encore, les entreprises qui font rêver les étudiants sont à mille lieux des valeurs de l'économie humaine : LVMH, L'Oréal, Goldman Sachs, JPMorgan, Unilever, EADS, Thales, Microsoft, McKinsey & Compagny, GlaxoSmithKline, Apple… La liste est longue[4] ! Le rôle et l'importance de ces géants du CAC 40, de la City et d'ailleurs, sont indéniables dans l'économie et il serait

---

1. Histoire des coopératives, CRES IDF http://www.economie-sociale.coop/index-economie-sociale/cooperative-histoire.htm (consulté le 10 avril 2011).
2. Loi du 10 septembre 1947 qui détermine le cadre législatif de référence pour toutes les entreprises coopératives. Loi toujours en vigueur à ce jour.
3. Chiffres clés 2009 – www.entreprises.coop (consulté le 20 avril 2011).
4. « Le Top 50 2011 », *Le Monde*, supplément Économie du mardi 5 avril 2011. 26 878 étudiants en école de commerce, en école d'ingénieur et en sciences naturelles et santé ont été invités à citer les cinq entreprises dans lesquelles ils préféreraient travailler. Le tableau détaille pour chaque catégorie d'étudiants le nom des 50 premières entreprises citées.

totalement contre-productif de vouloir faire table rase de ce système. Mais le système financier qui les encadre, leur vision court-termiste et mondialisée de l'économie, leur quête du résultat, ont aussi des conséquences désastreuses sur le plan économique, social, environnemental et humain.

L'emploi ne doit pas être une variable d'ajustement, et la recherche des coûts de main-d'œuvre les plus bas ne peut pas constituer une stratégie viable sur le long terme. Face aux sociétés capitalistes, les coopératives disposent de cet atout maître : elles sont des sociétés de personnes.

Créateurs ou non de l'entreprise, tous les salariés sont invités à devenir associés. Ces derniers détiennent au moins 51 % du capital social de la coopérative et disposent d'au moins 65 % des droits de vote. Avec une particularité de taille : chaque associé n'a qu'une voix, quelle que soit sa part dans le capital de l'entreprise.

Ce postulat de base change toute la donne : chacun étant un peu le patron de l'entreprise (même s'il y a un « vrai » patron, élu par les salariés), tous les salariés sont concernés de très près et s'impliquent dans la vie de l'entreprise, aussi bien quand il s'agit de définir les grandes orientations stratégiques que lorsqu'il est question de se mettre au travail. Car bien sûr, le travail reste au cœur de l'activité. Mais les fruits récoltés ne sont pas du tout traités comme dans une entreprise capitaliste.

En effet, dans une entreprise coopérative, le profit est équitablement partagé. Une part des bénéfices est reversée à l'ensemble des salariés sous forme de participation et d'intéressement (au minimum 25 % des excédents nets de gestion), une autre (15 % des excédents nets de gestion) est affectée à la constitution de la réserve légale obligatoire, et la dernière part est affectée aux ressources propres de l'entreprise, le « fonds de développement »[1].

Cette dernière part est certainement un des points les plus intéressants de ce statut entrepreneurial car elle résume, à elle seule, la distance qui existe entre la logique des coopératives et les logiques spéculatives des entreprises capitalistes. Le fonds de développement ne peut en effet

---

1. Article 33 de la loi n° 78-763 du 19 juillet 1978 portant statut des sociétés coopératives ouvrières de production.

pas être incorporé dans le capital social de l'entreprise ou redistribué aux salariés ou associés. Il constitue le patrimoine propre de l'entreprise et est une réserve de financement importante pour le développement de l'activité, réserve qui s'accroît au fur et à mesure que l'entreprise gagne en ancienneté. L'entreprise coopérative a donc les moyens de garantir son indépendance et sa pérennité.

Grâce à ces réserves, l'activité d'une entreprise coopérative peut ainsi déboucher facilement sur la création de nouveaux emplois : l'argent est réinvesti dans l'activité de l'entreprise qui, en se développant, amène à embaucher de nouveaux salariés. Et si un salarié décide de quitter la coopérative dont il est associé, il ne se verra remboursé que de son capital de départ, sans plus-value. De même, si une coopérative est dissoute, chaque associé récupérera le capital qu'il a placé dans l'entreprise, sans aucune plus-value. Les fonds restants sont reversés à d'autres coopératives ou à des organismes d'utilité sociale.

Nous pourrions résumer le fonctionnement d'une coopérative comme suit : le travail génère du capital, et ce capital procure du travail pour une économie saine et durable.

Un solide socle pour les coopératives

Elles sont sept, et ne sont pas vaines. Les valeurs des coopératives sont leurs maîtres-mots au quotidien : démocratie, service, proximité, transparence, pérennité, responsabilité, solidarité.

La démocratie est une évidence au sein des coopératives avec le principe « 1 homme = 1 voix ». Chaque salarié, associé ou non, peut prendre part à toutes les consultations organisées dans sa SCOP et dispose d'une voix. Chacun est ainsi associé aux choix stratégiques de l'entreprise. De même, le patron et l'ensemble des administrateurs sont élus parmi les salariés de tous les services de l'entreprise, ce qui favorise l'hétérogénéité, gage de richesse de points de vue.

Quant aux six autres maîtres-mots, ils aident à fixer la ligne de conduite d'une coopérative envers ses salariés ainsi que celle des salariés entre eux et envers la communauté dans laquelle s'est implantée l'entreprise. Les coopératives sont en effet des acteurs incontournables au niveau local : source d'emploi, portées par des équipes motivées et dynamiques, les coopératives sont bien accueillies dans les régions où elles s'implantent et deviennent des acteurs de la cohésion sociale.

Parce qu'elles sont synonymes de partage et de solidarité, les coopératives sont aujourd'hui en plein essor, tout en restant fidèles aux sept principes qui en sont à la base. Pour aider à leur développement et à leur reconnaissance, l'ONU a décidé de faire de 2012 l'année internationale des coopératives.

En France, on comptait 21 000 sociétés coopératives en France en 2009, qui employaient un million de salariés. Une part non négligeable de l'emploi, qui se traduit par une part non négligeable dans le PIB national : près de 274 milliards d'euros, soit 14,4 % du PIB français en 2009 (filiales incluses). La dynamique ne semble pas prête de s'essouffler : chaque année, entre 150 et 200 nouvelles coopératives voient le jour[1].

Les entrepreneurs sociaux renouvellent les façons d'entreprendre

Si l'on peut repenser la façon d'organiser le travail et les relations dans l'entreprise, on peut également repenser la façon d'entreprendre. C'est ce que font au quotidien les entrepreneurs sociaux. Créatifs et altruistes, ils considèrent plus leur entreprise comme un laboratoire d'expérimentations et de solutions à une ou plusieurs questions de société, que comme une source de profits maximums. L'entreprise est ainsi un lieu d'échange et d'enrichissement pour les salariés et toutes les personnes qui entrent en contact avec elle.

Grâce à leur imagination et à leur volonté, les entrepreneurs sociaux défrichent des voies innovantes pour faire face aux défis sociaux dont ils veulent prouver qu'ils ne sont pas inéluctables. Ils ont une vision positive de la société et de ses individus, et souhaitent concilier économie, humain et environnement. Par leur action dynamique, ils réveillent un monde de l'économie sociale et solidaire (ESS) qui avait peut-être un peu tendance à se reposer sur ses acquis. Une bonne nouvelle pour l'économie humaine !

> **Les coopératives dans le monde**
>
> Le mouvement des coopératives se développe en Italie à partir de 1849, lorsqu'est créée la Société ouvrière et coopérative de consommation à Pinerolo, près de Turin. Empreintes d'une pensée catholique forte, les coopératives italiennes sont attentives dès les années 1870 à favoriser l'émancipation économique et sociale de leurs membres et des communautés locales. L'arrivée de Mussolini va freiner considérablement leur développement dans le pays. Le régime
>
> .../...

---

1. Les SCOP – chiffres clés, www.les-scop.coop, consulté le 19 avril 2011.

fasciste interdit les coopératives car leur système démocratique va à l'encontre de la mise en place d'un régime autoritaire. Mais dès le sortir de la guerre, le mouvement coopératif reprend, et les coopératives sont reconnues par la Constitution italienne de 1947 (article 45). Aujourd'hui, on compte 119 000 coopératives dans le pays, qui produisent 5 % de la valeur ajoutée de l'économie italienne (plus de 67 milliards d'euros). Le chiffre impressionnant de coopératives en Italie est lié à deux spécificités nationales. Tout d'abord, la législation italienne interdit aux associations d'avoir une activité à but lucratif. Les coopératives permettent de contourner cet obstacle. D'autre part, un type particulier de coopérative a émergé en Italie dès les années 1960 : les coopératives sociales. Elles sont une réponse des citoyens à un État providence faible. Elles proposent des services socio-sanitaires et éducatifs et aident les personnes en difficulté et marginalisées à se réinsérer dans la société et sur le marché du travail. On en compte aujourd'hui près de 8 800.

L'histoire mouvementée de la Tchécoslovaquie n'a pas empêché le développement des coopératives, même si elles ont dû subir une profonde mutation après la chute du communisme. En effet, pendant la période communiste, les coopératives étaient bien vues et soutenues financièrement par l'État tchécoslovaque. Elles se développent dans tous les domaines, et notamment dans celui de l'habitat. Après 1989, la classe politique s'est détournée de cette forme d'entreprise. Les coopératives ont alors connu une nouvelle naissance, notamment grâce à une refonte de la législation les encadrant. La loi de 1992, connue sous le nom de « Loi de transformation », aboutit en 1993 à transformer les coopératives tchèques en coopératives au sens entendu par l'économie sociale et solidaire. Dans le domaine agricole, on compte plus de 1 000 coopératives qui emploient 42 % des ouvriers agricoles, soit 50 900 personnes, et occupent le tiers des surfaces cultivables, soit 1,2 million d'hectares. Quant à la première coopérative de production, Kovo Věšín, elle a été créée en 1892 et est toujours en activité plus d'un siècle après.

Au Royaume-Uni, l'économie fait le grand écart entre les hauts lieux de la finance internationale et les entreprises coopératives, chaque année plus nombreuses et toujours dynamiques. Avec un chiffre d'affaires de 33,5 milliards de livres sterling (près de 40 milliards d'euros) pour 2010, et 4 992 entreprises coopératives, le secteur affiche une bonne santé presque insolente au vu du tableau économique du pays. En 2009, alors que le PIB britannique chutait de 4,9 %, le chiffre d'affaires des coopératives augmentait lui de 15,8 %. Les coopératives sont reconnues dans tout le pays et dans tous les secteurs. C'est ainsi que le football a aussi été investi. En 2005, les fans du Manchester United, déçus par la dérive mercantiliste de leur club de foot favori ont décidé de prendre les choses en main. Boycottant le club, ils montent en 2005 une coopérative, le FC United of Manchester. Certes, l'équipe commence en bas du classement, mais ce n'est finalement pas le plus important : le FC United s'intéresse à ses supporters, qui sont aussi ses patrons, et devient un pilier de la vie locale. À tel point qu'en 2009, il se voit attribuer le UK's Cooperative Excellence Award pour ses actions contre le racisme et pour la cohésion de la communauté locale.

AGIR

Voici deux portraits de chefs d'entreprise qui sont au cœur de l'expression concrète de cette économie de la connaissance.

Patrick Lenancker, patron d'A Cappella

© Alain Pons

« La performance économique ne peut se faire contre les salariés »

Patrick Lenancker est un entrepreneur social, sans aucun doute. Il a découvert le monde des SCOP presque en même temps qu'il rentrait dans la vie active. Depuis, il n'a plus quitté ce monde et y exerce des responsabilités de premier plan : « Au fur et à mesure que les années passaient, je me suis de plus en plus investi dans le monde de la coopération », raconte-t-il. Au point qu'il est désormais président de la Confédération générale des SCOP, membre du Conseil supérieur de l'ESS et conseiller au Conseil économique, social et environnemental. Mais toutes ces responsabilités ne lui font pas oublier qu'il est avant tout le patron des quelque 80 salariés d'A Cappella, la seconde SCOP qu'il a montée avec les fonds bénéficiaires de la première, Arpège, et l'aide du groupe Chèque Déjeuner (une autre SCOP, soit dit en passant).

A Cappella est un centre de relations clients à distance. « C'est surtout la preuve, depuis 10 ans, que l'on peut créer des emplois intéressants et stables sur une activité de piètre notoriété telle que celle des centres d'appels tant décriés », souligne ce patron militant. Pour lui, l'entreprise est donc un vecteur d'action sociale, et la société A Cappella est dynamisée par cette vision des choses. « Si je devais choisir une valeur qui décrive A Cappella, ce serait "engagement" », assure Patrick Lenancker. Et c'est vrai qu'A Cappella est une entreprise engagée : installée dans une zone franche urbaine de l'agglomération d'Amiens, elle emploie des salariés à plein temps et en CDI alors que le métier est considéré comme précaire, et c'est une SCOP, forme juridique qui l'oblige à rendre des comptes à ses sociétaires, dont font déjà partie plus du quart des salariés.

La SCOP, qui fête ses 10 ans en 2011, mérite que son patron nous glisse un deuxième maître-mot pour la décrire : équipe. « Sans une bonne équipe, les SCOP en général et A Cappella en particulier ne connaîtraient pas le succès qu'on leur connaît », affirme-t-il, en regrettant de ne pouvoir citer tous les acteurs du projet coopératif. La construction de l'équipe d'A Cappella est une part importante du projet de la SCOP, et Patrick Lenancker reconnaît y prêter beaucoup d'attention : « Ce qui retient mon attention chez un candidat, c'est tout d'abord l'envie : l'envie de travailler, l'envie d'exercer un métier passionnant, l'envie de rejoindre une équipe, l'envie de s'engager dans un projet collectif, bref l'envie de donner avant de recevoir ».

L'envie, une motivation que peuvent partager des gens d'horizons très différents. D'où une mixité sociale certaine au sein des équipes : « C'est un atout majeur dans toutes les entreprises. Ici, nous comptons beaucoup sur la mixité des âges – juniors et seniors se côtoient – sur la mixité du genre – un tiers des salariés sont des hommes alors que le métier est presque exclusivement féminin –, et sur la mixité cultures et des origines, avec plus de 12 nationalités différentes. Nous portons aussi une attention particulière au recrutement de travailleurs handicapés, d'autant plus que les conditions d'exercice du métier y sont favorables ».

Le projet était ambitieux, mais le pari est totalement réussi. Une belle image d'entreprise humaine que Patrick Lenancker est heureux de présenter aux jeunes qu'il rencontre : « C'est important que les jeunes puissent connaître des entreprises ouvertes sur leur quartier, leur ville et au-delà sur le monde et sa diversité ».

François Lemarchand, créateur de Nature & Découvertes

© Alain Pons

« On ne protège que ce que l'on connaît
et que l'on aime »

Ce sont ses enfants qui ont poussé François Lemarchand à créer Nature & Découvertes. Un jour à Berkeley, alors qu'il se promenait avec ses enfants, il entre par hasard dans un magasin qui va changer sa vie d'entrepreneur. « La boutique s'appelait The Nature Company et avait été créée par un professeur d'écologie de l'Université de Berkeley. On y trouvait tous les outils pour comprendre le monde et apprécier la nature dans une ambiance ludique, mystérieuse et joyeuse », raconte le fondateur de Nature & Découvertes. Une révélation.

Il fait alors le pari de créer une boutique semblable en France et se lance dans l'aventure en 1989 en créant Nature & Découvertes. L'enseigne à la petite tortue a un objectif : sensibiliser par l'émerveillement les enfants des villes à la nature, la leur faire connaître et protéger. « C'était l'époque où Cousteau disait "on ne protège que ce qu'on connaît, on ne protège que ce qu'on aime" », explique François Lemarchand. « Il n'y a pas d'autres moyens de faire de l'écologie à une époque où 95 % des enfants avouent n'avoir jamais été dans la nature ! ».

La pédagogie est donc la valeur cardinale de la stratégie de Nature & Découvertes. « Nous fournissons les outils pour inciter les enfants à aller dans la nature et à s'en émerveiller », souligne son PDG, avant d'expliquer comment il a placé la notion de connaissance au cœur de l'esprit de l'entreprise. Tout passe par les salariés qui, au siège comme en boutiques, sont des ambassadeurs de la connaissance de la nature. D'autant plus que la direction propose régulièrement aux salariés de participer à des réunions d'information et d'échange avec des experts, des écrivains ou des personnes engagées.

Autant de connaissances qu'il faut ensuite essaimer. Au siège, les salariés accueillent régulièrement des classes qui viennent découvrir l'architecture HQE (Haute Qualité Environnementale) et les techniques liées à l'énergie solaire. Il faut dire que le toit est recouvert de 31 m² de capteurs photovoltaïques ! En boutique, la fonction d'ambassadeur est presque palpable : le rôle des salariés est plus proche du conseiller que du vendeur.

Chaque année, les magasins Nature & Découvertes organisent plus de 4 000 activités au cœur de la nature et des villages français pour permettre aux enfants et aux parents d'observer la nature, de découvrir les arbres ou bien encore les étoiles. « C'est une façon d'impliquer les salariés dans le travail de diffusion de la connaissance, car ce sont souvent eux qui, en coordination avec les associations, encadrent les enfants… et leurs parents ! », rappelle François Lemarchand. Qui a dit qu'on ne pouvait pas apprendre à tout âge et en famille ?

DÉVELOPPER

Pour aller plus loin dans cette économie ? Voici quelques sites internet qui concrétisent son expression ainsi qu'une idée possible pour agir et faire comprendre.

Le site des SCOP

Vous avez envie de créer votre entreprise coopérative, de transformer votre entreprise en SCOP, de vendre votre entreprise à vos salariés pour qu'ils perpétuent les valeurs initiales ? Quelle que soit votre question, le site des SCOP vous aidera à franchir le pas grâce à la mine d'informations qu'il contient et aux équipes régionales qui deviendront des compagnons de route.

 www.les-scoop.coop

Pour le secteur du BTP, un site spécifique existe : www.scopbtp.org

Je déj, je donne

Depuis 2008, la loi autorise les salariés à faire un don aux associations caritatives reconnues d'utilité publique fournissant une aide alimentaire sous forme de titres-restaurant. Le groupe Chèque Déjeuner, qui incitait déjà depuis longtemps les salariés à faire des dons sous forme de titre de paiement (chèque cadeaux, chèque livres, chèque vacances, etc.), s'est depuis 2008 associé à Action contre la Faim pour promouvoir cette forme de don. Une belle façon de sensibiliser ses clients (entreprises, collectivités, associations…) à des problématiques solidaires et d'impliquer le monde salarié. D'une manière générale, c'est un outil offert aux chefs d'entreprise et aux maires pour animer solidairement leurs équipes.

 www.jedej-jedonne.com

Entrepreneurs d'avenir

Si, à la lecture de ce livre, vous découvrez que vous partagez les idées qui y sont développées et que vous souhaitez rencontrer des entreprises qui associent à la notion de croissance celles d'équité, d'éthique ou de responsabilité écologique, le club Entrepreneurs d'avenir est fait pour vous. Non seulement vous pourrez participer à des ateliers régionaux de réflexion qui traitent de thématiques telles que la technologie et l'innovation sociale, l'éco-responsabilité, l'entreprise frugale, l'éducation au développement durable, les business models d'avenir…, mais vous pourrez aussi rencontrer des acteurs d'entreprises qui partagent ces réflexions afin de s'enrichir mutuellement.

 www.entrepreneursdavenir.com

Les Caisses populaires du Burkina

Née il y a 35 ans, cette banque burkinabaise spécialisée dans la microfinance est aujourd'hui forte de 800 000 clients. Elle est un formidable exemple de banque coopérative au cœur du modèle d'une économie plus humaine. Grâce aux témoignages des sociétaires, il est ressorti qu'une urgence s'imposait pour aider les nombreuses familles qui consacraient 30 % de leurs revenus aux dépenses de santé courantes. La banque a réagi en lançant un produit d'épargne volontaire accessible à tous ses clients, créant une source fiable de liquidités pour répondre à des besoins médicaux courants. Le programme va plus loin puisqu'il est possible d'accéder à des prêts simples et peu coûteux pour les dépenses plus lourdes, et un cours est proposé aux clients pour apprendre à estimer et planifier les dépenses de santé courantes pour mieux y faire face. Le compte d'épargne santé est bloqué pendant une « période de capitalisation » initiale de six mois, au-delà de laquelle les clients qui continuent d'épargner deviennent éligibles à un prêt de santé en cas de dépenses médicales importantes et justifiées qui ne peuvent être couvertes par l'épargne santé.

Forte de ce succès, la coopérative financière, aidée de la fondation Énergies pour le monde, a lancé un autre produit d'épargne dans le domaine de l'énergie solaire. Ainsi est né le « microcrédit énergie » pour permettre le développement d'activités commerçantes et artisanales dans les villages de brousse. Un bel exemple de co-développement et de management coopératif.

 La banque : www.rcpb.bf et la fondation : www.fondem.org

La Ruche

Situé Quai de Jemmapes dans le 10ᵉ arrondissement de Paris, la Ruche est un espace collectif de travail et de création pour entreprendre autrement. Née de la rencontre d'entrepreneurs sociaux motivés, La Ruche est un espace où s'incarnent les valeurs de l'économie sociale : dialogue, échange, convivialité. Mais aussi travail ! Tout d'abord pour construire le lieu : il a fallu convaincre des entreprises de se porter garantes de la caution de loyer, trouver un lieu qui corresponde à l'esprit du projet et convaincre la mairie de Paris de participer aux travaux de réhabilitation. La Ruche a fêté ses 2 ans et est désormais une réussite : c'est à la fois un lieu où se développent des réponses innovantes aux nouveaux défis de la société, un lieu d'échanges et donc une mine d'idées, et un business model innovant qui marche. Si chaque ville avait sa ruche, peut-être que les bonnes idées simples s'essaimeraient plus vite ?

 www.la-ruche.net

Le logiciel libre

Dans un monde de communication et d'informations, est-ce dangereux que des marques privées s'approprient de façon exclusive l'information ? Beaucoup pensent que oui et c'est ainsi que sont nés les logiciels libres. Ceux-ci ont maintenant un défenseur organisé grâce à l'association APRIL, constituée de personnes, d'entreprises, d'associations et d'organisations d'horizons très divers qui se retrouvent autour des valeurs du « libre ».

 www.april.org

Entrepreneurs solidaires, unissons-nous !

Parce que l'union fait la force, le mouvement des entrepreneurs sociaux fédère et représente ces alter-entrepreneurs.

 www.mouves.org

Pour aller plus loin : un nouvel outil de développement local ?

Une coopérative permet d'entreprendre ensemble, que nous soyons salariés, bénévoles, usagers, collectivités publiques, entreprises, associations, particuliers… : tous types de bénéficiaires et de personnes intéressées à titres divers. Il existe deux sortes de structures qui permettent aux collectivités locales de s'investir dans des projets concrets : les SCIC et les SEM.

Dans une SCIC[1] (Société coopérative d'intérêt collectif), les collectivités locales et leurs groupements ne peuvent détenir plus de 20 % du capital. Une SEM (Société d'économie mixte) est une entreprise dont le capital est majoritairement détenu par des structures publiques (soit au moins 51 %).

Une collectivité se voit soit obligée de sous-investir en optant pour la première formule, soit de sur-investir en optant pour la seconde formule.

Pourquoi ne pas créer une forme de SCIC qui ouvrirait jusqu'au tiers de son capital à des collectivités locales et ses groupements ? Structure que nous appellerions « SEMIC » et dont la mission amplifierait la production de biens ou de services répondant aux besoins collectifs d'un territoire par la meilleure mobilisation possible de ses ressources économiques et sociales.

COVOITURAGE, LA FIN DE L'INDIVIDUALISME

---

1. Source : www.scic.coop

Partie 3

L'ÉCONOMIE RELOCALISÉE ET RELOCALISANTE

TU TE RENDS COMPTE,
MES FRINGUES ELLES ONT VU LA CHINE,
LA THAÏLANDE, L'AMÉRIQUE LATINE...

NON MAIS TOI
C'EST QUOI TON PROCHAIN VOYAGE ?

NULLE PART...
TU SAIS
COMBIEN ÇA CÔUTE
DE SE FRINGUER ?!

Depuis la fin de la Seconde Guerre mondiale, le monde est entré dans une nouvelle ère, celle de la consommation, de la croissance et de la mondialisation. Le mouvement a été initié avant même les années 1950, avec la signature de l'Accord général sur les tarifs douaniers et le commerce (GATT) : le 30 octobre 1947, les 23 signataires du texte s'engageaient à harmoniser leur politique en matière de droits de douane, afin de favoriser les échanges et le commerce. C'est ainsi qu'à partir des années 1950, le commerce mondial a commencé à croître, dans une dynamique jamais démentie jusqu'à la crise de 2008.

Dès lors, qu'il s'agisse de produits agricoles, de combustibles et produits des industries extractives ou de produits manufacturés, tous ont été englobés dans le commerce mondial et ont vu le volume de leurs exportations augmenter. Mais avec quelle logique ? Entre 1975 et 2002, période au cœur des principes actuels de consommation, le volume de produits manufacturés transporté par la mer[1] est passé d'environ 400 millions de tonnes à près de 2 500 millions de tonnes, très progressivement et quasiment sans palier ou léger recul[2]. Or, le volume des exportations de produits agricoles, tous modes de transports confondus, a aussi été multiplié[3] par 6, mais dans une période deux fois plus longue, de 1950 à 2000, et ce alors que la population mondiale passait de 2,5 milliards d'individus à 6 milliards. Les gens se nourriraient-ils donc surtout d'écrans plats ?

La réalité est un peu différente, car les chiffres sur le commerce international de marchandises sont biaisés par les statistiques. Ce ne sont pas tant les produits finis qui s'exportent que les produits intermédiaires servant à la fabrication d'un produit fini, qui sont

---

1. Le transport maritime est le premier mode de transport des marchandises à l'échelle mondiale et représente 80 % du transport mondial. Le volume du trafic maritime mondial a presque été multiplié par 2 entre 1975 et le début des années 2000.
2. Laurent Carroue, Didier Collet et Claude Ruiz, *La mondialisation*, Bréal, 2006.
3. Marc Montousse, Serge d'Agostina, Alain Chaffel et Jean-Marc Huart, *100 fiches pour comprendre la mondialisation*, Bréal, 2006.

envoyés dans le pays où l'objet final sera assemblé. Si le commerce de marchandises a explosé, c'est donc parce que la production est fragmentée à l'échelle mondiale.

Car en un demi-siècle, la mondialisation a donné un nouveau visage à la planète, qui apparaît désormais comme une usine mondiale de fabrication de produits. Les « made in France », « made in Germany » ou « made in China » n'ont plus lieu d'être. Ils ont été remplacés par une seule appellation : le « made in World ». L'iPhone d'Apple, symbole de la mondialisation, illustre bien cette redistribution des cartes. En effet, si les iPhone sont officiellement « made in China », rien n'est moins évident dans la réalité. Les composants du smartphone sont certes assemblés dans des usines chinoises, mais ils ne sont pas produits dans le pays. Dans une étude intitulée *Comment l'iPhone d'Apple creuse le déficit commercial américain*[1], on apprend que la valeur ajoutée de la Chine à la fabrication de l'iPhone n'est que de 3,6 % ! Les 96,4 % restant de la valeur du téléphone proviennent des composants (puce GPS, caméra, composants audio, écran, etc.) originaires du Japon, d'Allemagne, de Corée et même des États-Unis, et des matériaux comme le plastique et l'aluminium, sont produits par d'autres pays encore…

De même, est-il vraiment nécessaire qu'un jean parcourt plus de 65 000 kilomètres[2] en avion, en bateau et en camion au cours de sa fabrication ? Vêtement mondial, porté aux quatre coins du monde, ce pantalon mythique est aussi un vêtement global, issu de la mondialisation. Dans leur enquête sur l'origine d'un jean, Fran Abrams et James Astill nous font découvrir les coulisses de l'industrie du vêtement. Entre les producteurs de matières premières (coton, bien sûr, mais aussi cuivre et zinc pour les boutons, polyester pour la fermeture Eclair, colorant indigo, fil de couture, etc.), le pays d'assemblage, le pays de stockage et celui de la commercialisation, pas moins de dix pays sont mis à contribution pour fabriquer une paire de jeans !

---

1. Yuqing Xing et Neal Detert, *How iPhone Widens the US Trade Deficits with PRC*, novembre 2010.
2. Fran Abrams et James Astill, *L'incroyable tour du monde d'un jean*, The Guardian (traduit par Courrier International), 2001.

Mais le ballet incessant de marchandises est en train de vivre ses dernières années fastes. Certains coups durs ont déjà été portés à ce système. La hausse du prix des carburants va avoir des conséquences sur les échanges mondiaux, qu'ils passent par le transport maritime, aérien ou terrestre, en les rendant plus chers et donc moins intéressants pour les entreprises, à moins qu'elles ne répercutent ces nouveaux coûts sur le prix final destiné au consommateur. Produire localement aura à l'avenir un avantage en termes d'économie sur les coûts de transport qui rendra le produit concurrentiel face à celui fabriqué dans un pays à bas coût salarial mais situé à l'autre bout du monde – surtout si, en plus, les salariés du bout du monde imposent de leur côté des hausses de salaires comme cela tend à se généraliser actuellement dans la zone industrielle de la Chine.

D'autre part, comme nous avons l'avons déjà expliqué dans les chapitres précédents, les consommateurs du nord sont en train de redéfinir leurs comportements d'achat. Le respect de l'homme et de l'environnement devient chaque année un critère plus important dans les choix de consommation, comme le montre en France l'enquête annuelle de l'Agence Bio : l'agriculture bio gagne chaque année en reconnaissance auprès des consommateurs. Ceux-ci ne sont plus dupes du marketing de l'agro-industrie. Ils veulent connaître l'origine du produit, avoir la possibilité de mettre un visage sur le producteur, visiter le lieu de production... En un mot, ils veulent du local.

Et ce besoin de local ne se limite pas à l'agriculture. Les choses bougent et il est évident qu'il va falloir produire plus localement, aussi bien des produits alimentaires que des biens de consommation. Tout doucement, le mouvement de la relocalisation arrive en France, poussé tant par la demande que par la déception croissante des industriels quant à la qualité réelle des marchandises produites dans les usines délocalisées et les conséquences négatives qui en découlent sur l'image de marque. Certes, le retour d'entreprises dans leur pays d'origine est encore rare, mais il montre bien qu'il y a des avantages à l'économie locale. L'heure de la révolution du local approcherait-elle donc ?

Si c'est le cas, rien n'est prêt pour faire face à ce retour de balancier, à cette relocalisation de l'économie. Nous avons tout détruit afin de regrouper les personnes dans les villes, nous avons fait disparaître les usines locales, pour des raisons purement financières et sans lien avec leurs performances économiques (combien d'usines rentables ont été délocalisées lorsque leur entreprise a été absorbée par un grand groupe !), nous avons tout fait pour casser le travail manuel riche de service local et industrialiser l'agriculture afin de produire là-bas et consommer ici. Il va donc falloir réinventer le local et retisser les fils qui permettront à cette économie d'être saine et créatrice d'emplois et de bonheur. Le fameux BNB : Bonheur National Brut !

Produire et échanger localement

En ce début de XXIe siècle, nous sommes en train de tourner une page dans l'histoire des transports. La mécanique de la mondialisation commence à se gripper à cause de la hausse des prix des carburants et de la prise de conscience des conséquences écologiques des abus de transport. De plus en plus clairement, il apparaît que le déplacement le moins cher et le moins polluant est appelé à être celui que l'on ne fait pas, tout simplement.

Dans ce contexte, la relocalisation n'est plus une utopie ni un idéal altermondialiste, mais une réponse concrète à une réalité inéluctable. Cette relocalisation ne concerne pas seulement les entreprises qui auraient connu des déboires en s'installant dans un autre pays et qui voudraient revenir, c'est aussi et surtout un réinvestissement du territoire et sa réorganisation, tant économique que sociale et pratique, en vue de s'adapter à la réduction de l'utilisation de moyens de transport au quotidien.

Les circuits courts : quand l'agriculture redevient locale

Dans le domaine de l'agriculture et de l'alimentaire, où il prend le nom de « circuit court », le mouvement de relocalisation est en pleine expansion. Il s'agit de réduire au minimum le nombre d'intermédiaires entre le producteur et le consommateur dans le schéma de distribution des produits alimentaires. Ainsi, selon le ministère de l'Agriculture, « un circuit court est un mode de commercialisation des produits agricoles qui s'exerce soit par la vente directe du producteur au consommateur, soit par la vente indirecte à condition qu'il n'y ait qu'un seul intermédiaire[1] ».

---

1. *Renforcer le lien entre agriculteurs et consommateurs – Plan d'action pour développer les circuits courts*, ministère de l'Agriculture, de l'Alimentation, de la Pêche, de la Ruralité et de l'Aménagement du Territoire, juin 2009.

Les déclinaisons de cette définition sont multiples, aussi bien en ce qui concerne la vente directe (du producteur au consommateur) ou la vente indirecte (du producteur à un intermédiaire qui vend alors au consommateur) : foires, ventes à la ferme ou par correspondance, tournées, marchés, paniers, etc. dans le premier cas ; vente à un commerçant-détaillant, à des collectivités ou dans la restauration, dans le second.

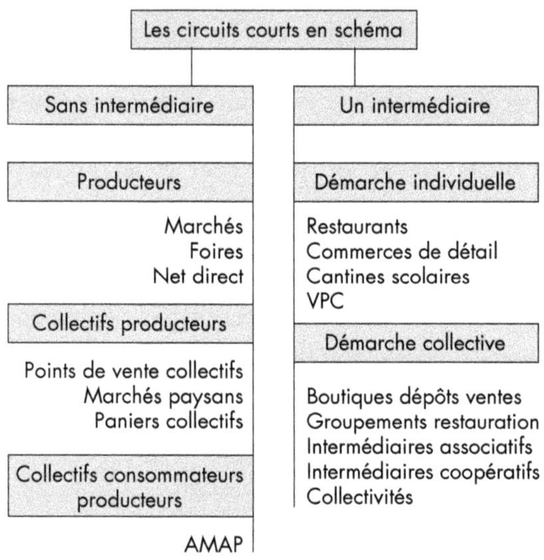

Typologie des systèmes de vente directe

Bien qu'il n'y ait encore que peu de statistiques nationales, la dynamique est bien là. 16,3 % des exploitations françaises, soit près de 89 000 fermes, réalisaient de la vente directe en 2005. Cette activité est génératrice de main-d'œuvre car ces fermes représentent une part importante de l'emploi dans ce secteur (26,1 %)[1]. Selon les secteurs d'activité agricole, la place de la vente directe dans le chiffre d'affaires est assez variée. En 2005, 4 % des fruits et

---

1. *Rapport du groupe de travail « Circuits courts de commercialisation »*, ministère de l'Agriculture, de l'Alimentation, de la Pêche, de la Ruralité et de l'Aménagement du Territoire, mars 2009.

légumes étaient vendus directement du producteur au consommateur, pourcentage qui monte à 7 % si l'on élargit à tous les types de circuits courts. Et les pourcentages sont plus conséquents encore si l'on se concentre sur les produits bio : en 2009, 12 % étaient vendus directement du producteur au consommateur ! Les statistiques de l'Agence Bio pour l'année 2009 montrent d'ailleurs que seuls 45 % des produits bio étaient vendus en grandes et moyennes surfaces[1].

Les régions sont beaucoup plus à la pointe en matière de suivi du développement des circuits courts sur leur territoire. Il faut dire que les autorités locales ont tout à gagner à soutenir ces initiatives : elles permettent de maintenir une activité agricole sur leurs terres et de développer alentour des activités économiques autres, ce qui dynamise le territoire. Les chiffres sont éloquents : sur 1 000 € de chiffre d'affaires en vente directe, 700 à 800 € seraient réinjectés sur le territoire local, contre moins de 150 € pour des productions non transformées localement[2].

Un système plébiscité par les Français

L'engouement pour le local s'explique de différentes façons, mais il apparaît clairement qu'il provient d'une demande de la part des consommateurs. La crise de la vache folle, les nombreux cas d'intoxications alimentaires, les inquiétudes face aux OGM… Toutes ces crises ont considérablement réduit la confiance du consommateur dans le système agroalimentaire. Réduire le nombre des intermédiaires, c'est donc mieux connaître l'origine des produits consommés et en contrôler plus facilement la qualité.

De plus, les Français ont une très mauvaise opinion des intermédiaires dans l'industrie agroalimentaire : selon une étude menée par le Centre de recherche pour l'étude et l'observation des conditions de vie (CREDOC) en 2008, 89 % des consommateurs considèrent que la multiplication des intermédiaires est la première cause des prix élevés des produits alimentaires, avant les coûts liés

---

1. Source : *Chiffres clés 2010*, Agence Bio.
2. *Quand le panier remplace le caddie*, Jacques Mathé, www.pleinchamp.com, 8 août 2010.

au transport (87 %) et les marges de la grande distribution (84 %)[1].

La grande distribution est également pointée du doigt par les consommateurs de plus en plus nombreux à lui préférer les circuits de distribution. Une autre étude du CREDOC souligne cette tendance : en 2004, 20 % des Français souhaitaient acheter ailleurs que dans les grandes surfaces, ils étaient 37 % en 2007[2]. Si le bio a fait une entrée en force dans les grandes et moyennes surfaces depuis 2010[3], on sait également que les Français préfèrent acheter local plutôt que bio[4].

On voit ainsi se développer depuis quelques années un « commerce équitable nord-nord ». L'appellation ne correspond pas à la définition qu'en donne la loi, à savoir l'organisation « des échanges de biens et de services entre des pays développés et des producteurs désavantagés situés dans des pays en développement[5] ». Mais elle souligne une réalité bien ancrée dans le pays. En effet, les réflexions autour du commerce équitable nord-sud ont été élargies pour prendre en compte la situation des petits producteurs locaux. L'illustration la plus remarquable en est le réseau d'AMAP (Association pour le maintien d'une agriculture paysanne), version française des locavores américains, qui vise à

---

1. *Alimentation, entre tensions économiques et exigences des consommateurs,* 3e édition des Entretiens de Rungis, CREDOC, 23 septembre 2008.

2. *Alimentation : le retour des circuits courts ?,* Sophie Fabrégat, www.actu-environnement.com, 11 janvier 2010.

3. Les ventes de produits bio en grande et moyenne surfaces ont doublé en trois ans (en valeur) et représentent, en 2010, 47 % du marché (source : Agence Bio).

4. Plusieurs études démontrent qu'entre un kiwi bio de Nouvelle-Zélande et un kiwi conventionnel français, le consommateur préférera le kiwi conventionnel car il a conscience de l'impact écologique négatif du transport du kiwi bio néo-zélandais.

5. Loi n° 2005-882 du 2 août 2005 en faveur des petites et moyennes entreprises, article 60, deuxième alinéa : « Au sein des activités du commerce, de l'artisanat et des services, le commerce équitable organise des échanges de biens et de services entre des pays développés et des producteurs désavantagés situés dans des pays en développement. Ce commerce vise à l'établissement de relations durables ayant pour effet d'assurer le progrès économique et social de ces producteurs ».

soutenir les petits producteurs agricoles locaux. Grâce aux AMAP, les paysans sont assurés d'avoir un débouché pour leurs productions (fruits, légumes, œufs, viande, etc.), et les familles qui adhèrent à une AMAP proche de chez elles ont la garantie d'avoir de façon régulière des produits frais, locaux et de saison. Un système gagnant-gagnant qui a un bel avenir[1].

Mais il n'y a pas que dans l'agriculture que l'on retrouve les circuits courts. Cette approche séduit les entrepreneurs dans des domaines de plus en plus variés. C'est particulièrement vrai dans le secteur des matériaux écologiques. Il est ainsi désormais possible de trouver des matériaux d'isolation ou de construction pour les bâtiments produits localement et distribués en circuit court. Les gains obtenus en termes de transport rendent ces produits intéressants d'un point de vue économique. Le bois est bien sûr le premier exemple qui vient à l'esprit, mais il existe bien d'autres matériaux comme le chanvre[2] ou la paille de lavande. D'une manière générale, c'est bien toute la filière de l'écoconstruction qui cherche à se développer localement.

Retisser du lien social

La notion de local ne porte pas uniquement sur les échanges économiques. Elle puise une partie de sa force dans les échanges informels et dans la possibilité qu'elle offre aux gens de se rencontrer. En un mot, elle permet de recréer des liens sociaux. Une des formes que ces échanges peuvent prendre porte le nom de Systèmes d'échange local (SEL).

Le principe est très simple : au lieu de payer ou d'être payé pour réaliser quelque chose, on échange, en se basant sur une monnaie alternative, qui peut prendre différentes formes : « grains de sels », décompte en minutes, cailloux, etc. Le but est d'équilibrer les entrées et les sorties de cette monnaie alternative en participant aux échanges de services au sein du SEL. Par exemple : bricoleur averti, votre voisin vient vous aider à refaire le carrelage de votre salle de bain. Il est crédité d'un certain montant et vous, débité du

---

1. Plus d'informations sur www.reseau-amap.org
2. Voir l'association Chanvriers en circuits courts.

même montant. Pour revenir à un solde nul, c'est à vous de rendre service à un autre membre du SEL. C'est ainsi que vous partez tondre la pelouse de la vieille dame qui habite au bout de la rue. À son tour, elle donnera quelques cours de grammaire au fils du voisin qui était venu carreler votre salle de bain. Au final, tout le monde a gagné au change : vous avez une superbe salle de bain, le jardin de la vieille dame du bout de la rue est bien entretenu, et le fils du voisin progresse à l'école.

Venus du Canada, où ils connaissent un grand succès, les SEL sont arrivés en France dans les années 1990, après avoir déferlé sur les pays anglo-saxons. Le premier SEL est monté en Ariège en 1994. Depuis, ils ont essaimé dans toute la France : on en compte plus de 400[1]. Et le phénomène est mondial, puisqu'on retrouve des SEL dans plusieurs pays d'Europe (Italie, Espagne, République tchèque, Belgique…) et même sur d'autres continents (en Afrique et au Japon notamment).

Au départ, les SEL sont parfois motivés avant tout par des raisons financières. Mais de plus en plus, il apparaît que c'est pour lutter contre la solitude ou l'isolement que les gens décident de s'échanger des services. L'immense avantage de ce système, c'est qu'il est forcément local et qu'il ne peut se développer qu'en tissant du lien social. Les SEL sont ainsi l'occasion de donner, d'apprendre, d'échanger : toutes les passions et tous les savoirs peuvent être partagés !

Au-delà, les SEL sont aussi de formidables laboratoires en action pour trouver des solutions locales à des problèmes, généralement grâce au bon sens et à l'envie de construire ensemble qui anime leurs membres. Ces solutions à taille humaine sont souvent facilement explicables et donc reproductibles dans d'autres endroits et parfois aussi simplement que rapidement. C'est la « pollinisation des idées ». Comme les abeilles butinent non loin de leur ruche et permettent à la nature de vivre, les idées passent d'un endroit à l'autre pour améliorer le quotidien des gens et tisser des liens.

---

1. L'association SEL'idaire en recensait 436 en mai 2011 (source : Les SEL en France, www.selidaire.org).

Agir

Vous voulez agir en acteur de cette économie ? Voici quelques idées de métiers et le portrait d'un entrepreneur humain.

Le métier de paysan est au cœur de la relocalisation. Bien loin de l'exploitant agricole entraîné dans le complexe industriel de l'agroalimentaire, le paysan local vit dans un cadre à taille humaine et tisse des liens avec les consommateurs. Exploitant agricole et paysan sont donc deux métiers différents. C'est pourquoi il faudra également compter sur les formateurs qui, dans les lycées agricoles, expliqueront ce métier particulier. Les métiers agricoles ne se limitent d'ailleurs pas aux débouchés alimentaires : ils incluent également les cultures visant la fabrication de matériaux de construction ou de combustibles (notamment le bois).

Pour aider le développement d'activités de proximité, il faudra des coordinateurs fonciers. Chargés de gérer le patrimoine local, ils permettent *in fine* d'augmenter l'autonomie alimentaire de la zone. Il est possible d'imaginer également qu'ils puissent aider les jeunes paysans à lancer leur activité par le biais de fermage publique.

Les coordinateurs fonciers devront travailler en lien étroit avec les Sociétés d'aménagement foncier et d'établissement rural (SAFER), dont le but est de participer à l'aménagement durable et équilibré de l'espace rural, dans un souci de développement local.

Les métiers de l'économie locale sont aussi tournés vers les services : métiers de conseil, gestion de coopératives (de matériaux, de vente, d'achat, etc.), métiers administratifs en lien avec le développement et l'accompagnement de projets (par exemple au sein d'une chambre régionale de l'économie sociale – CRES) ou avec la gestion et le contrôle des labels, etc., métiers d'animation et de direction de groupement coopératif, de SEL, d'association.

Et bien sûr, au cœur de cette proximité locale, les professionnels de l'Internet et de la gestion de sites interactifs et géo-localisant ont sans aucun doute un rôle primordial à jouer.

Portraits de Gwenola Doaré et Didier Lefevre, fondateurs du magazine *Habitat Naturel*

« Les matériaux naturels en circuits courts, c'est une évidence pour demain »

Nous sommes en 2005. Un éditeur, Didier Lefèvre, et une journaliste spécialisée dans la construction en bois, Gwenola Doaré, font le pari de créer un magazine dédié à l'éco-construction. Six ans et 40 numéros plus tard, les fondateurs d'Habitat Naturel sont encore plus convaincus que cette forme de construction a de l'avenir. « Réduire ses dépendances aux énergies fossiles ou nucléaires et vivre dans un habitat sain, qui respecte ses habitants et l'environnement, sont des problématiques qui touchent tout le monde, particuliers comme professionnels du bâtiment », plaide Gwenola Doaré.

© *Habitat naturel*

Une conviction qui se renforce à chaque fois que le prix du pétrole ou de l'électricité augmente : « La précarité énergétique est un phénomène qui ne cesse de s'accentuer et qui me révolte particulièrement. Près de 60 % de

© *Habitat naturel*

nos habitations existantes ont été construites avant 1975, à une période où l'énergie n'était pas chère. Chauffer ces épaves thermiques devient un luxe que beaucoup ne peuvent plus se permettre », dénonce la journaliste. Réduire cette dépendance, favoriser l'utilisation des énergies renouvelables et bon marché, améliorer la qualité de l'air dans le logement... Autant d'alternatives que l'équipe d'Habitat Naturel cherche à faire connaître.

Pour autant, « il ne suffit pas de construire en bois pour respecter habitants et environnement », assure Gwenola Doaré. En effet, on peut faire venir son bois de construction de très loin et isoler avec des produits non cohérents avec la protection de l'environnement. Mais pour faire son choix, encore faut-il savoir qu'il existe de nombreux écomatériaux aux multiples vertus.

Derrière ces différents écoproduits, c'est toute une filière économique locale qui s'est montée. « Les fabricants de matériaux bio-sourcés se sont multipliés dans nos régions, qu'ils soient petits producteurs (chanvre, lin...) ou industriels, comme les fabricants de fibre de bois, granulés de bois, panneaux de paille compressée... Les revendeurs de matériaux se sont également répartis sur le territoire et il est devenu beaucoup plus facile aujourd'hui de s'approvisionner en écomatériaux produits localement », assure la cofondatrice d'Habitat Naturel.

Pour Gwenola Doaré, pas de doute possible, la dynamique est lancée : « Je suis convaincue que les circuits courts sont non seulement viables économiquement, mais probablement la seule façon possible de commercer demain. D'un côté, parce que les prix du transport vont continuer d'augmenter, de l'autre parce que le consommateur veut savoir ce qu'il achète et ce qui rentre dans la composition de ses produits ». Or, on le sait, la proximité géographique d'une production rassure le consommateur. « D'ailleurs, on le voit déjà pour l'alimentation », souligne la journaliste. Un précédent qui ne va pas être démenti de si tôt. De plus en plus clairement, le local est entrain de préparer son retour par la grande porte.

118

Développer

Pour aller plus loin dans cette économie ? Voici quelques sites internet qui concrétisent son expression, des pistes à explorer politiquement ainsi qu'une idée possible pour agir et faire comprendre.

Croquez la pomme locale

Inquiet de la possible disparition des variétés de pommes dans les années 1980, Jean-Louis Choisel, arboriculteur, créa l'Association nationale des amateurs bénévoles pour la sauvegarde des variétés fruitières en voie de disparition, plus connue sous le nom d'Association des croqueurs de pommes. Son but : alerter l'opinion sur la disparition progressive de nos espèces ancestrales de fruits locaux, relancer la pomologie et inciter chacun à respecter le patrimoine fruitier français. Les croqueurs de pommes sont aujourd'hui plus de 7 000, répartis dans plus de 60 groupes régionaux.

 www.croqueurs-de-pommes.asso.fr

Le mouvement Colibris

Initié par Pierre Rabhi[1], ce mouvement est un liant concret pour ceux qui veulent agir localement. Il encourage l'émergence et l'incarnation de nouveaux modèles de sociétés fondés sur l'autonomie, l'écologie et l'humanisme, ainsi que toutes les initiatives locales les mettant en valeur. Le mouvement essaime ainsi les

---

1. Auteur et conférencier, Pierre Rabhi est à la fois paysan, l'un des pionniers de l'agriculture écologique en France, et philosophe. Né dans une oasis du Sud algérien d'un père forgeron, ayant reçu une éducation française tout en préservant ses racines, Pierre Rabhi arrive en France dans les années 1950. Ouvrier dans une usine de la capitale, il remet en cause les valeurs de productivisme et de compétition de la modernité et décide de s'installer avec sa famille dans une ferme ardéchoise. Après s'être heurté aux pratiques désastreuses de l'agriculture intensive, il se tourne vers des méthodes respectueuses de la nature. Fort de cette réussite, c'est en 1981, au Burkina Faso, qu'il commencera à transmettre son amour de la terre et son savoir-faire agroécologique… www.terre-humanisme.org

bonnes idées partout où les bonnes volontés veulent les accepter et en prendre le relais.

 www.colibris-lemouvement.org

Des sentinelles veillent

Quels sont les points communs entre la lentille blonde de Saint-Flour, dans le Cantal, et le navet noir de Pardaihan, à 30 kilomètres des rivages de la Méditerranée ? Tous les deux sont liés à l'histoire d'un terroir, produits à petite échelle par des artisans passionnés et menacés d'extinction à cause des pressions sur l'agriculture. Grâce au projet de l'association Slow Food France, ils ont été inscrits sur la liste des Sentinelles qui compte principalement des produits alimentaires, mais également quelques zones (vergers), des paysages ruraux (pâturages), des méthodes de cultures locales… C'est ainsi qu'ils font l'objet d'un cahier des charges visant à assurer leur pérennité et leur reconnaissance.

 www.slowfood.fr/les-sentinelles-slow-food-en-france#1

La force de l'inter-réseau local

En Bretagne, pour favoriser le développement des petits acteurs de l'économie sociale et solidaire spécialisés dans l'écoconstruction, la CRES régionale a mis en place l'inter-réseau ECO3. L'idée est de permettre à des petits acteurs de s'implanter en unissant leurs forces et leur savoir-faire. Lancé en 2008, le projet a rapidement dépassé ses objectifs économiques pour affirmer une vision commune du vivre-ensemble et du développement durable : importance du local, solidarité, échange…

 http://www.ess-bretagne.org/actions-en-cours/eco-construction.html

« Paris ci » les bons fruits et légumes !

Quand on se ballade au Forum des Halles à Paris, on oublie que jusqu'à la fin des années 1960, cet endroit était le grand marché parisien et qu'il accueillait la production locale d'Île-de-France : champignons de Paris, asperges d'Argenteuil, choux de Pontoise, cerises, poires, menthe poivrée… Quelques maraîchers franciliens ont maintenu leur activité et sont aujourd'hui remis à l'honneur par la jeune société Terroirs d'Avenir. Celle-ci a décidé de valoriser ce patrimoine en assurant la promotion de ces produits en circuit court, en les proposant aux restaurateurs d'Île-de-France soucieux de la qualité et du goût des produits utilisés. Un exemple à suivre !

 info@terroir-avenir.fr

Circuits courts en ligne

Il existe de plus en plus de sites permettant la géolocalisation des petits producteurs locaux qui proposent la vente directe de leur production. Parmi ces sites, consommer-local.fr présente l'avantage de proposer un moteur de recherche qui permet d'être précis, et ce, sur une assez large gamme de produits, y compris transformés, comme les confitures ! Il propose aussi nombre d'informations sur les fruits et légumes de saison, les vitamines, les événements…

 www.consommer-local.fr

Ne jetez pas, donnez !

Jeter est souvent un geste mécanique, et pas seulement lorsqu'un objet est cassé. Pourtant, nombreux sont ceux qui pourraient avoir une seconde vie. Dans ce domaine, Internet se révèle encore une fois un allié précieux : les sites de dons d'objets se sont multipliés en quelques années, et l'on peut facilement faire un heureux près de chez soi. Le principe est très simple : vous mettez une annonce présentant l'objet que vous voulez donner et la personne intéressée vous contact pour venir le chercher. Totalement gratuit, et bien pratique !

 www.recupe.fr

Quelques pistes de réformes

Certaines communes ou régions participent déjà à cette forme plus locale d'économie. Un relais plus appuyé au niveau national, quel que soit le bord politique en charge de la nation, permettrait de mettre en place des actions publiques, législatives ou fiscales comme :

- proposer un impôt sur les sociétés plus élevé dans le cas d'entreprises ne faisant pas d'efforts pour consommer localement ;

…/…

- consacrer en priorité les ressources de l'immobilier public vendu localement à la consolidation des structures associatives drainant concrètement une économie locale ;
- favoriser par des apports en capitaux des structures permettant les circuits courts et l'aide dans la notion d'habitat local (SEM, SCIC…) ;
- imposer un pourcentage de produits issus d'un circuit court dans les lieux accueillant du public, que ces derniers soient privés ou du secteur public.

Pour aller plus loin : et si on se lançait dans le hors taxe local ?

Inventée en 1954 par Maurice Lauré, un haut fonctionnaire français, la TVA avait pour idée de départ de simplifier l'ancienne taxe sur la consommation en proposant une fiscalité qui évitait les impositions cumulatives dites « en cascade ». L'innovation a séduit de nombreux pays, et était si bien réfléchie qu'elle n'a été que très peu modifiée depuis, hormis les ajustements en matière de taux d'imposition.

Afin de privilégier les circuits courts et directs qui se passent dans un rayon géographique très défini, on pourrait imaginer que l'État décide d'exonérer de TVA les deux parties prenantes (producteur local – consommateur local). Ce « hors taxe local » permettrait de mettre les produits locaux dans un niveau de concurrence tarifaire qui compenserait les coûts d'emploi. L'État compenserait cette perte de recettes par l'augmentation des recettes fiscales liées aux créations d'emploi dans la zone et par la TVA sur les autres produits que ne manqueront pas d'acheter les personnes ayant enfin un emploi.

Cette idée est très certainement utopique. Mais lorsque l'on fait le calcul écologique des pollutions des terres agricoles, des rivières, des conséquences liées aux émissions de CO_2, de la disparition de l'habitat paysan, des richesses de la biodiversité et des savoir-faire ancestraux, moduler la TVA en y intégrant l'élément de production locale peut paraître socialement et humainement juste.

Les villes repensées

COMPRENDRE

Pendant des siècles, le centre-ville était au cœur de la vie urbaine. Sous le nom de *Cité*, il s'y mêlait des activités économiques (marchés, foires, commerces…), culturelles (théâtres, foires…) et sociales, ainsi que des habitations. Lieu de vie, d'échanges et de rencontres, il amenait naturellement la mixité sociale qui, par rebond, enrichissait les zones rurales. La cité était aussi un lieu protecteur, derrière les murailles de laquelle les personnes des villages et faubourgs avoisinants pouvaient se réfugier en cas de danger.

En France, l'exode rural remonte au XXe siècle, lorsque les paysans et habitants du monde rural abandonnent les campagnes pour aller travailler dans les centres urbains où l'activité économique se développe à grande vitesse. Pendant plus d'un siècle et demi, le mouvement va se poursuivre et s'amplifier. L'arrivée massive et continue de nouveaux habitants oblige les autorités à mettre en place des structures d'accueil et à construire des logements. Les villes s'agrandissent, d'autres sortent de terre. Le ciment envahit le quotidien des citadins et crée de nouvelles ceintures autour des villes. Cette fois-ci, il ne s'agit pas de protéger, mais plutôt de reléguer en périphérie les habitants qui ne peuvent plus vivre dans le centre-ville. Les villes s'étendent et les liens se distendent.

Dans ce cadre peu attrayant, un nouveau phénomène s'est développé à partir des années 1990 : la rurbanisation. On observe alors que le mouvement d'exode rural s'inverse. Sans parler d'un véritable exode urbain, les démographes et géographes notent toutefois que de plus en plus de gens quittent les centres-villes et même les villes pour s'installer en zone périurbaine, disposant des commodités d'une ville (services publics, magasins, etc.) et des avantages de la campagne : air frais, verdure, mode de vie moins stressant…

Face à ce nouvel attrait de la campagne, les municipalités des zones urbaines ont réagi en entreprenant des travaux de réaménagement, de réhabilitation et de rénovation de leur centre-ville longtemps délaissé : création de rues piétonnes, reconversion d'équipements industriels vétustes en salles de spectacles, en musées, création de jardins, installation de lignes de tramway, mise en place de pistes cyclables… De nombreuses villes, grandes et moyennes, retrouvent ainsi un certain dynamisme et présentent un nouveau visage. Mais celles-ci attirent principalement des personnes aisées et les centres-villes sont entraînés malgré eux dans un processus d'embourgeoisement urbain qui ne permet pas de faire renaître le sentiment de vivre ensemble.

Les centres-villes ont changé d'âme dans les années 1970 avec l'arrivée des grandes surfaces installées à la périphérie des villes. Peu à peu, les commerçants des centres-villes ont fermé boutique, alors qu'ils participaient à les animer. À leur place se sont installés des services tertiaires comme les banques, les assurances ou les agences immobilières qui ont pris d'assaut les meilleures places dans les villes, entraînant ce que certains maires appellent des « petites Suisses ». Fermant à 17 h, ils « désaniment » le cœur des cités. Les villes semblent donc coupées en deux : d'un côté, le centre-ville réservé à la consommation ; de l'autre, les faubourgs réservés à l'habitation. Et il n'existe pas de liens entre les deux.

Dans ce contexte, l'économie humaine a un rôle à jouer car elle se développe dans un cadre de vivre ensemble. Les villes, leur municipalité et leurs associations peuvent agir pour introduire cette approche dans le quotidien des habitants de zones urbaines.

Les écoquartiers, laboratoire pour la ville de demain

Les premiers écoquartiers ont vu le jour dans les pays du nord de l'Europe dans les années 1960-1970 et, en quelques décennies, la dynamique a atteint les quatre coins de l'Europe. Les écoquartiers ont le vent en poupe, notamment dans les villes de taille moyenne. Mais de quoi s'agit-il exactement ?

Les écoquartiers sont des projets d'urbanisme qui sont réfléchis en termes d'objectifs sociaux, économiques et environnementaux. Le point commun de tous les exemples qui peuvent être pris pour illustrer ce concept est le souhait des initiateurs d'un projet de reprendre possession des villes en y mélangeant l'habitat, le commerce, l'emploi. Ainsi organisés, les écoquartiers ont pour ambition de favoriser la mixité sociale et générationnelle et de réduire l'empreinte écologique des personnes qui y vivent, notamment en diminuant les transports ou, du moins, en favorisant le transport partagé et économe.

Les écoquartiers impliquent donc une participation active de leur population et des acteurs en lien avec les politiques urbaines. Ils ne peuvent prendre forme que s'ils sont portés à la fois par l'équipe municipale et des acteurs associatifs locaux. Les écoquartiers sont en effet « l'expression tangible d'une politique intelligente de la ville[1] », du ressort des autorités publiques, et des lieux de vie et de vivre-ensemble. Les habitants sont invités à s'engager pour animer la vie de leur quartier et doivent en respecter les « règles du jeu ».

Bien qu'ils ne soient pas exempts de critiques, notamment sur la réalité de la mixité sociale de leurs habitants et la limite de leur intégration dans un ensemble plus large (la ville), les écoquartiers sont des initiatives d'avenir. Beaucoup y voient des laboratoires des villes durables du futur car il est possible d'y tester des écotechniques qui pourront être reprises à plus grande échelle et reproduites ailleurs.

Vivre dans un écoquartier

En 1992, Fribourg se désole : les militaires quittent les casernes du sud de la ville. Que faire de ces 38 hectares de casernes ? Habitants et pouvoirs publics décident de tourner résolument cette partie de leur ville vers le développement durable. Les douze casernes sont rénovées et la zone réaménagée. Se construit ainsi un quartier où se mêlent logements alternatifs, logements étudiants, maisons de quartiers, mais aussi parties réservées aux activités industrielles et artisanales. Les bâtiments utilisent l'énergie solaire, ils sont isolés grâce à des matériaux naturels et certains sont même à énergie positive. Pour se déplacer, presque aucune voiture : on circule à vélo, à pied ou en tramway. La rue commerçante s'est adaptée en se plaçant à distance pratique et raisonnable des habitations. Et le système de covoiturage a trouvé immédiatement sa place pour les trajets les plus longs. Fribourg s'est ainsi dotée d'un écoquartier exemplaire qui sert de modèle à de nombreux projets dans toute l'Europe.

---

1. « L'écoquartier, brique d'une société durable », *La Revue Durable*, 2008.

Gérer la ville durablement

Après des décennies durant lesquelles les municipalités ont préféré déléguer à des entreprises privées la gestion de certaines missions de service public comme la gestion de l'eau, des logements ou des parkings, la tendance s'inverse depuis les années 2000. Une volonté s'affirme, celle de développer une gestion dans un esprit plus politique, c'est-à-dire d'organiser la cité en vue d'assurer le bien-être de ses habitants.

De nombreuses municipalités n'ont pas renouvelé les contrats de délégation, préférant allouer la gestion de ces services à des Sociétés d'économie mixte (SEM). Les SEM sont des entreprises au statut particulier : leur capital est détenu en majorité par une ou plusieurs personnes publiques (État, collectivité territoriale, établissement public), dans une proportion variable de 51 à 85 % du capital. Les SEM ont un statut d'entreprise de droit privé mais elles sont obligées de prendre en compte l'intérêt général, notion de droit public par excellence, dans leur action. La recherche de l'intérêt général peut prendre plusieurs formes : réflexion conjointe de la SEM et de la municipalité sur la politique des prix ou du développement de l'activité, réflexion sociale autour de la politique de ressource humaine, etc.

De plus en plus de villes, comme Valencienne, Brest ou Le Mans, ont choisi l'option SEM pour gérer durablement les parkings de leur centre-ville, souvent en lien avec les associations locales et des structures de réinsertion par l'activité économique qui participent aux services.

Un des exemples les plus marquants est sûrement la SEM Rouen Park. Cette SEM, initiée en 1998 sur les bases d'une autre SEM créée en 1962, gère plusieurs parkings de la ville de Rouen. L'originalité de cette SEM réside dans la répartition de son capital : si 83 % du capital est détenu par la ville, la CCI et l'Office de tourisme, le reste appartient à l'association des consommateurs et à plus de 50 actionnaires individuels qui élisent chacun un représentant siégeant au CA. Cette démocratie locale et participative permet à Rouen Park de proposer des services, souvent associatifs, en totale cohérence avec les besoins des Rouennais. Rouen Park est aussi sûrement un des rares parkings en France mécène d'une association ! En effet, cette SEM aide l'association Vie et Espoirs qui accompagne enfants et parents d'enfants atteints de leucémie ou de tumeur cancéreuse, en lien avec les équipes du CHU de Rouen. Ainsi s'amplifie encore l'impact local de cette gestion façon économie humaine.

La gestion de la ville passe aussi par une attention continue portée à la politique de développement urbain. Or, pendant des années, certaines municipalités ont mis la voiture au cœur de la gestion de leur ville. Le ton est donné depuis l'Élysée : en 1971, le président Georges Pompidou déclarait « la ville doit s'adapter à la voiture[1] ». Les équipes municipales ne tardent pas à reprendre à leur compte cette affirmation et les travaux d'aménagement routiers se multiplient dans les villes et alentours. Ce faisant, les habitants des faubourgs accourent consommer dans le centre-ville.

Les villes deviennent ainsi de plus en plus bruyantes et affolantes, car tournées avant tout vers les automobilistes. L'engorgement des villes, les nouvelles considérations écologiques, la pollution générée par les voitures ainsi que les conséquences néfastes sur la santé (stress, asthme…) de la domination de la voiture en ville rendent, à partir de la fin des années 1980, la situation de plus en plus difficile à tenir pour les équipes municipales. Les maires changent alors radicalement de stratégie. Les centres-villes se piétonnisent et les faubourgs proches se verdissent. Le vélo devient le moyen de transport privilégié pour les trajets urbains, comme le montre le succès des vélos en libre-service dans un nombre toujours grandissant de villes en France[2] et en Europe.

La politique des transports en commun évolue aussi : le tram fait son grand retour, après près d'un siècle de dénigrement. Partout ou presque, il avait été victime de l'augmentation du trafic automobile, les politiques d'urbanisme privilégiant alors la fluidité du trafic aux préoccupations environnementales : Paris, Marseille, Poitiers, Strasbourg, Nancy, Lyon, Nantes, Rennes, Bordeaux…

---

1. Chantal Duchêne, « Des politiques de transport public aux politiques globales de déplacements », *Économie & Humanisme*, n° 359, décembre 2001/janvier 2002.
2. Liste des villes ayant un système de vélos en libre-service disponible sur Wikipédia : http://fr.wikipedia.org/wiki/Liste_des_syst%C3%A8mes_de_v%C3%A9los_en_libre_service_en_France

Dans toute la France, le tramway né à la fin du XIXe siècle disparaît au sortir de la Seconde Guerre mondiale. Mais quelques décennies plus tard, il fait un retour triomphal dans les centres-villes, symbole d'un renouveau de la ville qu'il sillonne, de son dynamisme et de son implication pour l'environnement[1].

AGIR

Vous voulez agir en acteur de cette économie ? Il n'y a pas de métiers spécifiques à la ville de demain, car ce qui la fait vivre, c'est justement la diversité des professions de ses habitants.

Construire la ville de demain nécessite bien sûr des architectes, des urbanistes, des géomètres, des professionnels de la construction, de l'aménagement, etc., mais elle ne peut se pérenniser que si chacun s'investit, quels que soient son métier, ses origines et ses passions. Cette fois-ci, le portrait d'un entrepreneur humain présente une professionnelle qui réfléchit à ces villes plus saines, plus simples et plus humaines.

Charlotte de Silguy, secrétaire générale de l'AVERE-France

« La mobilité est d'ailleurs à l'aube d'une formidable mutation »

Passionnée par la Chine, c'est grâce à ce pays que Charlotte de Silguy s'est découvert une autre passion : le véhicule électrique. À l'époque en poste dans les bureaux chinois d'EDF, la jeune cadre découvre par hasard ce moyen de locomotion : « J'accompagnais une délégation ministérielle chinoise en voiture électrique. Ce fut une révélation », raconte celle qui est devenue en 2008 secrétaire générale d'AVERE-France.

© Cyril de Plater

Car depuis ce coup de cœur de 1994, sa motivation pour la promotion du véhicule électrique n'a jamais faibli. Et pour cause : selon Charlotte de Silguy, le véhicule électrique va révolutionner la ville. « La ville de demain sera décarbonée », n'hésite-t-elle pas à affirmer. Un changement radical qui va se ressentir sur la ville et ses habitants. En effet, en promouvant le véhicule électrique, c'est contre l'ensemble des pollutions en ville que Charlotte de Silguy se bat. L'équation est simple : les véhicules électriques ne rejettent pas de particules nocives et sont silencieux. Autant

---

1. Liste des tramways de France disponible sur Wikipédia : http://fr.wikipedia.org/wiki/Liste_des_tramways_de_France

d'améliorations possibles de la qualité de l'air et de la qualité de vie en général, assure la secrétaire générale de l'AVERE-France, qui imagine déjà « une vie urbaine sans fumée toxique et où l'on entend à nouveau le bruit des oiseaux. On verrait des femmes et des hommes moins stressés, qui souriraient davantage ».

Les pollutions sont le fléau des villes depuis longtemps, mais lutter contre est difficile. « Les pollutions sont un cercle vicieux, et ce d'autant plus qu'elles sont pernicieuses puisque l'on en mesure rarement les conséquences immédiatement », souligne Charlotte de Silguy avant de revenir sur le lien imprescriptible entre l'homme et la nature. Car, même s'il habite en ville, c'est-à-dire dans un espace artificiel qu'il a bâti, l'homme reste un être vivant qui dépend de la nature. « Sur le long terme, les pollutions systémiques, préjudiciables à la nature, le sont nécessairement aux êtres humains, aussi bien sur le plan physiologique que psychologique. La pollution de notre planète se reflète inévitablement en miroir à l'intérieur des êtres humains », déplore la secrétaire générale de l'AVERE-France.

La bataille contre les pollutions urbaines n'est pas encore gagnée, mais « tout bouge depuis 2008 », assure Charlotte de Silguy. D'ailleurs, elle fait confiance à ses contemporains pour faire changer les choses : « Lorsque les hommes voudront à nouveau avoir accès aux valeurs essentielles d'une vie organique et spirituelle, il n'y aura plus à être inquiet des pollutions, car spontanément, ils ne les fabriqueront plus ».

DÉVELOPPER

Pour aller plus loin dans cette économie ? Voici quelques sites internet qui concrétisent son expression, des pistes à explorer politiquement ainsi qu'une idée possible pour agir et faire comprendre.

À cheval sur le bon sens

Le cheval en ville, ce n'est pas du passé ! Bien au contraire, les municipalités sont de plus en plus attirées par cette solution écologique et économique pour le ramassage du verre, du carton, des piles ou des déchets verts, le nettoyage des rues et, pourquoi pas, le transport de passagers. Une trentaine de villes en France ont franchi le pas et disposent d'un système hippomobile de collecte des ordures. Le bilan est très encourageant : chute des rejets en CO_2 pour cette activité, baisse des nuisances sonores en ville, revalorisation du métier d'éboueur, image écologique positive de la municipalité et de l'entreprise en charge de ce service public. À Hazebrouck, dans le nord de la France, l'expérience montre que la collecte hippomobile économise plus de 13 000 litres de gazole et 35 kg de CO_2. Le retour du cheval en ville a permis de créer de nouveaux métiers et de relocaliser l'économie en entraînant le développement d'activités autour de l'élevage des chevaux de trait, une fierté française. Le cheval permet aussi l'apprentissage du respect de l'autre, facilite le contact avec les gens, et est une voie supplémentaire pour aider l'insertion des personnes en difficulté. Reste un point pour que ce retour soit un total succès : faire en sorte que les municipalités prévoient dès le départ dans leur budget de quoi assurer une belle retraite aux chevaux après leurs années de bons et loyaux services.

 www.equiterra.fr

Les jardins partagés

Lancée à New York dans les années 1970, l'idée d'organiser des jardins collectifs dans les villes a fait des émules. Le principe est simple : permettre aux habitants d'une ville à la fois de vivre ensemble et de vivre pleinement les saisons, au lieu de rester enfermés dans des logements. À l'origine, les premiers acteurs des jardins collectifs s'étaient révoltés contre le nombre important de terrains vagues à Manhattan en lançant des « bombes de graines » par-dessus les grilles des terrains laissés à l'abandon, les transformant en jardins. Désormais, ces carrés de verdure sont de beaux potagers et des jardins fleuris. En France, le mouvement a croisé la tradition des jardins ouvriers, devenus jardins familiaux par une loi de juillet 1952. Ces jardins à la française permettent non seulement de produire des légumes, des fruits, des aromates et même des plantes médicinales au cœur des villes, mais aussi de faciliter les échanges intergénérationnels, les plus jeunes apprenant des plus anciens, ainsi que la découverte des saisons, du jardinage sans pesticide, du compost, des engrais verts et, souvent, de la patience !

 www.jardins-partages.org

Autopartage et partage de l'auto

En quelques années, le vélopartage s'est imposé dans les villes pour nous permettre de faire nos courts déplacements de façon écologique sans forcément devoir être en possession d'un vélo et du garage pour le ranger. L'autopartage est fondé sur la même approche : des véhicules à disposition des conducteurs, pour une durée limitée, ceux-ci profitant des avantages de l'automobile sans avoir à en posséder une. Alors que les coûts d'utilisation et d'entretien des voitures sont de plus en plus élevés et que les centres-villes se ferment aux automobiles, le concept a de l'avenir. D'ailleurs, si l'idée fait son chemin en France, c'est déjà une réalité au Québec et surtout en Suisse, où l'on compte près de 1 000 stations et plus de 100 000 utilisateurs[1].

L'alternative à la voiture individuelle trop souvent immobilisée peut aussi être de la louer pendant les périodes où l'on est certain de ne pas l'utiliser. C'est le concept d'autopartage entre particuliers. Le phénomène se développe en France et permet à des personnes de louer un véhicule facilement pour faire leurs courses, aller à un rendez-vous ou tout simplement rendre visite à des amis.

 www.caisse-commune.com et www.livop.fr

Un toit, deux générations

Dans les centres-villes résident souvent des personnes âgées dans de grands appartements, qu'elles doivent parfois quitter faute de présence rassurante la nuit, et qui souffrent de la solitude. De l'autre côté, de nombreux étudiants rêvent d'habiter dans le centre-ville, à proximité des espaces culturels et éducatifs, mais les loyers sont tellement chers qu'ils abandonnent cet espoir et s'expatrient dans les faubourgs ou les cités universitaires. Plusieurs associations ont décidé d'agir pour faire se rencontrer ces deux populations qui pourraient facilement s'entraider : les personnes âgées volontaires louent une chambre de leur appartement à un ou des étudiants, après une sélection rigoureuse, parfois à des prix très raisonnables en échange de services (faire les courses, assurer un dîner par semaine avec le propriétaire, etc.). Un moyen de nouer des liens entre les générations et de garder vivants les centres-villes.

 www.leparisolidaire.fr ou www.ensemble2generations.fr

---

1. Site internet : mobility.ch

Les vélos-taxis

Imaginez un taxi qui ne pollue pas, ne consomme pas de pétrole et vous transporte de porte à porte pour un euro par personne et par kilomètre : c'est le vélo-taxi. Ce nouveau mode de transport permet non seulement de participer à une moindre pollution de l'air des villes mais aussi à créer des emplois sur un modèle économiquement viable du fait de l'absence d'impact des variations des prix des carburants sur l'activité. En France, cette alternative écologique aux taxis de ville se développe de plus en plus dans les villes comme Paris (urban-cab.com et cyclobulle.com), Lyon et Toulouse (cyclopolitain.com), Lille (cycloville.com), Strasbourg (ecopouss.com). Reste juste à ne plus avoir de scrupules à voir quelqu'un pédaler pour vous !

 www.rsenews.com/public/mobilite/velo-taxi-france.php

Quelques pistes de réformes

La ville est au cœur de la carrière des hommes politiques français et donc au cœur de leurs actions faisant valoir leur implication et leurs actions sur le terrain. Au niveau national, quel que soit le bord politique en charge de la nation, des idées pourraient être mises en place comme :

- rendre obligatoire la mise en place d'un plan d'action pour le développement durable de la ville et du territoire dans lequel elle est implantée, dans les villes de plus de 10 000 habitants ;
- organiser les statuts juridiques des coopératives d'habitants pour permettre aux écoquartiers de se développer dans un cadre juridique plus simple afin de ne pas stopper l'élan qui anime un groupe décidé à se lancer dans un tel projet ;
- imposer un certain quota d'espaces réservés aux jardins partagés dans les grandes villes ;
- obliger les municipalités à cartographier les arbres de leur territoire afin de mettre en place des zones de protection pour les arbres vénérables.

Pour aller plus loin : ma ville vit le dimanche !

Désormais, les villes, moyennes ou grandes, ont presque toutes un tram, un parc de vélos en libre-service, et peut-être bientôt un parc de voitures en partage. Mais les villes doivent encore gagner un pari pour se transformer : redevenir des centres de lien social, de mixité, de culture et d'échanges, où les lieux de vie se mêlent aux lieux d'habitation et où les lieux de consommation se révèlent être des endroits où l'on prend le temps de vous faire goûter des produits, d'en expliquer la provenance ou de montrer comment ce que vous achetez fonctionne.

Pour cela, il faut des villes apaisées, tournées vers l'humain, et non réduites à une fonction de consommation ou de cité-dortoir. L'économie humaine peut participer à cette transformation grâce à la relocalisation d'activités dans les centres-villes : artisans, travailleurs manuels, réparateurs, producteurs locaux, vrais restaurateurs, associations…

Le tissu social se renoue grâce à ces pionniers, et se renforce grâce aux échanges en cascade qui en découlent naturellement.

Mais vivre sa ville, c'est aussi avoir la possibilité d'y faire quelque chose, notamment le week-end, lorsque l'on a plus de temps. La France a la chance de posséder un patrimoine culturel très riche, d'abriter un nombre considérable de musées (1 200 sont soutenus par l'État, mais on en compterait plus de 10 000 au total) et d'avoir une population dynamique et prête à s'investir (on dénombre près de 800 000 associations en France). En cumulant ces avantages, les villes devraient pouvoir s'animer ! Les municipalités pourraient développer avec les partenaires locaux des campagnes « Ma ville vit le dimanche » : les dimanches pairs seraient tournés vers la culture, l'échange au travers de foires aux livres, le partage d'expériences botaniques, etc., et les dimanches impairs vers le sport, avec la possibilité de tester des activités qui seraient proposées en ville, de faire de la compétition, etc.

Plutôt que de débattre de l'ouverture ou non des magasins le dimanche, on pourrait débattre des activités à proposer pour que les villes soient ouvertes le week-end, permettant ainsi aux gens d'avoir des occasions de vivre ensemble.

Les villages animés

COMPRENDRE

« L'exode rural appartient au passé », titrait Europe 1 en février 2010. Il est vrai que depuis les années 2000, la campagne gagne des habitants. Ce n'est pas encore l'explosion démographique qu'avaient connu les villes un siècle auparavant, mais la tendance est profonde. La « rurbanité », qui permet de concilier la vie au vert avec les avantages de la ville, notamment en termes de services, séduit de plus en plus de Français.

On considère généralement qu'un village compte moins de 2 000 habitants et que la plupart des habitations sont à plus de 200 mètres les unes des autres. Si l'immense majorité des 36 000 communes françaises sont encore des villages, ces derniers ont parfois beaucoup grossi en quelques années du fait de la forte augmentation de leur population ou ont changé de catégorie parce que des maisons ont été construites, réduisant les écarts entre deux habitations.

Historiquement, les villages français étaient tournés en majorité vers l'agriculture. Jusqu'au début des années 1950, celle-ci n'était pas entrée dans l'ère industrielle : les fermes étaient petites, et donc nombreuses, et l'agriculture paysanne organisait la vie locale. Autour de l'activité paysanne gravitait les activités directement reliées (menuiseries, garages locaux, coopératives…), et par rebond, tout un système économique pouvait être entretenu (épicerie, école, poste…) même sur les territoires isolés.

Si l'on reprend les différents constats que nous posons dans ce livre (évolution du prix du pétrole, changements de comportements des consommateurs et besoin de plus en plus flagrant de recréer une économie productive d'emplois…), les villages ont une belle carte à jouer au sein de cette économie relocalisée. Le monde du bio local, les AMAP, le mouvement Slow Food tentent à leur échelle et à leur manière de proposer un système alternatif à la tragédie économique, sociologique et environnementale qu'ont connue les villages français suite à la transformation progressive de l'agriculture en industrie.

Remettre les villages au cœur de la vie économique locale

En 2004, 73 % des salariés travaillaient dans une commune autre que leur commune de résidence. Avec l'augmentation de la périurbanisation, le chiffre ne fait que croître. En effet, un déménagement hors de la ville n'implique pas que le travail se déplace également. Ainsi, les pôles urbains regroupent 77 % des emplois salariés, alors que seuls 63 % des salariés y vivent et les zones périurbaines accueillent 22 % des salariés mais seulement 12 % des emplois. Dans les zones rurales, la situation est à peu près équilibrée : on y trouve 15 % des emplois et 13% des salariés y habitent[1].

Cette situation, qui oblige à jongler avec deux lieux de vie, l'un professionnel, l'autre privé, a un impact sur la mobilité domicile-travail. Lorsque le salarié ne travaille pas dans la commune où il vit, les trajets s'allongent : 34,3 kilomètres séparent en moyenne un habitant de zone urbaine de son lieu de travail, 25,2 km dans le cas d'un habitant de zone périurbaine, et 40,2 km pour un habitant de zone rurale.

Dans ce contexte, on pourrait penser que les villages n'ont pas besoin d'être très animés puisque les gens qui y vivent n'y sont pas beaucoup présents. Or il n'en est rien. Car si certains parcourent de très longues distances pour aller travailler, la moitié de ces habitants de zone rurale travaillent à moins de 18 km de leur domicile. Dans ce cadre, que ce soit pour y travailler ou pour y vivre, il apparaît essentiel que les villages se dynamisent.

Pour répondre à cet impératif, plusieurs pistes doivent se développer à côté de l'activité agricole de telle manière que se mette en place un tissu économique capable d'attirer des emplois locaux et durables, pour que se crée un équilibre local.

---

1. Les déplacements domicile-travail amplifiés par la périurbanisation, Brigitte Baccaïni, François Sémécurbe, Gwenaëlle Thomas, pôle Analyse territoriale, Insee, mars 2007.

Comment animer l'économie du village et, par rebond, le village lui-même ?

En partant de la tradition agricole et forestière des villages français, la venue d'une agriculture extensive de proximité insuffle une nouvelle dynamique dans l'économie locale. L'artisanat (menuisier, mécanicien, garagiste…) et les métiers liés au travail agricole (vétérinaire, éleveur, dresseur, etc.) vont renaître et se développer dans des versions modernes adaptées aux réalités du XXIe siècle. Dans un village engagé dans une dynamique positive, les besoins locaux vont créer les métiers locaux et l'on peut imaginer que de la couturière à la boulangère, en passant par le kiosquier et l'épicier, la demande de services se tournera vers la proximité, tant celle-ci est à même d'adapter son offre en matière de prix, de qualité d'accueil et de services.

Un village vit par ses habitants, mais il faut que celui-là leur offre la possibilité de se rencontrer. Le village évoque bien sûr une église et une mairie, mais si ces deux institutions sont physiquement au cœur du village, elles le sont moins au sens économique du terme. On dit souvent que la disparition des commerces et des activités économiques du village entraîne irrémédiablement sa mort. C'est pourquoi il faut maintenir trois lieux incontournables qui font vivre un village :

- **le lieu de lien social et de communauté** : il s'agit là bien sûr du bistrot, du bar, de l'auberge du village… Lieux animés, conviviaux et accueillants, les bistrots sont autant des « ambassadeurs de leur territoire » pour les étrangers qu'un relais multiservice pour les habitants. Une association se mobilise pour maintenir les bistrots en milieu rural, afin de conserver un lieu de rencontre, d'échange et de vie dans les petites communes rurales : www.bistrotdepays.com ;

- **le lieu d'alimentation de proximité** : souvent victime des hyper ou supermarchés, l'épicerie de village a pourtant longtemps été un lieu de ravitaillement suffisant pour les villageois. On y trouvait l'essentiel (lorsque nous n'avions pas encore besoin en priorité de l'inutile) et souvent, les produits étaient issus des productions locales (fromages, pains, fruits, légumes, viande…). Un nouveau modèle reste encore à inventer pour que ces épiceries de village ne souffrent pas de la concurrence des grandes surfaces et il n'est pas rare de voir des conseils municipaux décider de prendre en charge le loyer d'une épicerie locale ou de salarier le gérant pour conserver ce point d'alimentation et de vie locale. Le savoir-faire des épiceries solidaires (www.epiceries-solidaires.org) peut être utile pour ouvrir des épiceries de village et offrir aux habitants des produits locaux au cœur du village ;

- **le pôle de santé de proximité** : les zones rurales manquent (parfois cruellement) de médecins. Mais il est difficile d'ouvrir un cabinet lorsque l'on sait qu'il n'y pas les autres infrastructures nécessaires, comme la pharmacie ou l'hôpital pour faire les radios. Les pôles santé de proximité (PSP) restent à inventer, mais ils représenteraient une grande avancée pour lutter contre la désertification médicale en zone rurale. Un PSP permettrait au médecin d'élargir son champ d'action en l'autorisant à délivrer des médicaments d'urgence si le village n'est pas doté de pharmacie, à disposer d'un mini-centre de radio (tout comme les dentistes habilités à faire eux-mêmes les radios), à poser des plâtres, etc. Source d'emploi, les PSP permettraient aux personnes âgées de rester dans leur village car elles seraient assurées d'avoir à proximité les soins principaux. Les villages conserveraient leur caractère intergénérationnel et l'on pourrait multiplier les exemples d'aides que peuvent s'apporter mutuellement personnes actives et personnes âgées.

Les hameaux trop isolés, où il n'est pas possible de monter des commerces, ne doivent pas être laissés à l'écart. Les acteurs des trois lieux de proximité que l'on vient de présenter ont un rôle à jouer pour les désenclaver. Moyennant des régimes fiscaux spécifiques ou des budgets consacrés spécifiquement à leur action par les collectivités, ces lieux de proximité pourraient aller à la rencontre des habitants, menant là une forme de mission de service public. La camionnette de l'épicier, du bistrotier, du paysan, sillonnerait régulièrement la campagne environnante, annonçant à coups de klaxon l'arrivée du pain, des fruits et légumes, des journaux…

Chacun peut à sa manière enrichir la vie du village…

Ce n'est pas parce qu'il y a moins d'habitants dans un village que dans une ville qu'il y a moins d'idées et moins de façons de participer à stimuler la vie du village. La preuve avec ces quelques pistes pour une économie locale…

Les villages sont entourés par l'activité agricole. Il est toujours surprenant de voir les vêtements qui sèchent sur les fils à linge alors que l'air est chargé des volutes d'engrais liquides et autres particules liées aux méthodes de l'agro-industrie. Combien d'allergies pourraient être évitées si l'on interdisait les pesticides dans un périmètre de 800 mètres autour des villages ! Cette zone naturelle ainsi créée permettrait alors de développer localement une offre maraîchère de proximité saine, pouvant ainsi facilement être distribuée dans les réseaux de proximité.

Par ailleurs, le village est un lieu idéal pour le télétravail. Grâce aux grandes évolutions de la téléphonie, il devient possible d'exercer de nombreux métiers depuis chez soi, plutôt que de s'entasser dans des *open space* bruyants et sans âme. Il suffit bien souvent d'un ordinateur portable, d'une certaine rigueur et d'un calage d'organisation avec son employeur pour pouvoir travailler dans un cadre agréable et souvent plus stimulant.

On peut aussi, pour compléter ses revenus, devenir un petit producteur électrique (PPE) grâce aux énergies vertes (solaire, hydraulique, petit éolien….) et à la revente auprès de coopératives locales ou nationales comme la SCIC Enercoop qui, face aux géants du secteur, fournit à ses clients de l'électricité produite à base d'énergie renouvelable. Créée en 2006, Enercoop compte aujourd'hui 8 000 clients et 5 000 sociétaires. Le jour où EDF ne sera plus dans l'obligation d'acheter les watts verts du marché français et que tout le monde sera alors libre de vendre ou d'acheter, les coopératives locales auront une vraie chance de se développer et, par rebond, les PPE locaux de compléter leurs revenus.

Si les villes ont des écoquartiers, les villages voient depuis quelques années se développer les habitats groupés. Le principe est simple : un groupe de personnes porte le projet de construire ensemble un lieu de vie, exploitant les avantages de la maison individuelle et de la gestion partagée des espaces communs. Tout comme dans leur équivalent urbain, on y pratique la solidarité au quotidien en mettant en commun du matériel, des moyens de transport, les fruits et légumes du potager, l'énergie produite, etc. Ces projets sont souvent portés par une dizaine de familles, soit une quarantaine de personnes, ce qui n'est pas rien pour un village de 500 âmes ! Mais c'est aussi une chance pour redynamiser l'économie locale, maintenir ouvertes des classes, améliorer l'offre de proximité, etc. Et si l'habitat groupé s'intègre bien dans le village, les bonnes pratiques pourront s'essaimer dans les pratiques quotidiennes de chacun.

Enfin, de plus en plus de parents, pour des raisons très diverses, envoient leurs enfants dans des pensionnats. Si ceux-ci étaient proches d'un village, les deux lieux de vie pourraient entrer en interaction, au bénéfice de chacun. Le village offrirait aux élèves une ouverture sur la nature, la vie rurale, l'écologie, et l'internat pourrait être une source de dynamisme économique pour le village. Quid d'un marché local le vendredi, lorsque les parents viennent chercher leur progéniture, d'un bar, d'une épicerie, d'un kiosque pour faire patienter les parents en attendant la sortie des classes ou prendre le temps de rencontrer les autres parents ?

Les pistes sont nombreuses, et une conclusion s'impose : le village doit proposer une offre de base pour permettre aux personnes d'y trouver de quoi combler leurs principaux besoins. De nombreux métiers, aussi variés (voire plus) qu'en ville, peuvent participer à redonner vie aux villages et permettre aux habitants de se passer de leur voiture pour les gestes simples et quotidiens.

AGIR

Portrait de Michel Valentin et Isabelle Peloux, créateur du site des Amanins.

« Quelle planète laisserons-nous à nos enfants
et quels enfants laisserons-nous à la planète ? »

Un ancien chef d'entreprise qui s'associe avec une professeure des écoles, cela donne les Amanins. L'histoire est bien sûr un peu plus construite. Compagnons dans la vie, Michel Valentin et Isabelle Peloux décident en 2002 de devenir aussi associés dans la réalisation d'un projet qui va changer leur vie. À cette époque, Michel Valentin doutait de l'utilité de l'argent et de ses motivations à travailler comme chef d'entreprise. Il rencontre alors Pierre Rabhi, et de cette rencontre va émerger un projet de ferme agro-écologique, pensée comme un lieu d'échange et de transmission. En effet, Michel Valentin est passionné par le maraîchage et Isabelle Peloux est professeure des écoles. À travers les Amanins, ils veulent répondre à la double question : « Quelle terre laisserons-nous à nos enfants et quels enfants laisserons-nous à la planète ? ».

« Nous nous sommes lancés dans ce projet car nous souhaitions agir pour ne plus être simplement dans la dénonciation de ce qui n'allait pas », précise Isabelle Peloux. Et le résultat est là : la ferme est complètement autonome tant sur le plan alimentaire (fromages, viande, céréales et maraîchage), qu'énergétique, mais également en termes de gestion des déchets et de retraitement des eaux. Elle héberge une école primaire qui compte 35 élèves et accueille régulièrement des classes découvertes, des collégiens et des lycéens, mais également des adultes, qui viennent en famille, en groupe, pour un stage ou à l'occasion d'un séminaire.

La ferme des Amanins s'est ancrée dans le paysage local de La-Roche-sur-Grâne (Drôme). « Les salariés des Amanins viennent des communes des alentours », raconte Michel Valentin, qui revient sur l'entreprise humaine que représente la ferme : « les Amanins sont le fruit d'une équipe riche et variée. Nous essayons de coopérer au mieux en trouvant la voie juste entre un équilibre financier indispensable à la survie de la structure et un rythme de travail respectant chacun. C'est un équilibrage difficile qui demande des échanges et une vigilance permanente ». Mais c'est aussi ce qui fait la richesse du projet. D'ailleurs, Michel Valentin est aussi heureux de voir que certains salariés ont monté leur propre projet, que de continuer à travailler avec ceux qui se sont inscrits plus personnellement dans le projet et l'accompagnent aujourd'hui encore.

Quant à l'école, c'est une école à murs ouverts. « L'école englobe le respect de la nature de façon transversale. Les enfants apprennent à travailler de façon coopérative et s'approprient les outils relationnels nécessaires pour vivre une écologie globale, comprenant le respect de l'environnement et le respect de l'autre », explique Isabelle Peloux. « Ils viennent eux aussi des communes alentours et repartent riches de savoirs leur permettant d'être dans un relationnel constructif et créatif. Ils essaient à leur tour de faire leur part ! », ajoute-t-elle. Les Amanins sont définitivement un lieu stratégique et dynamisant pour tout le territoire. Une ferme tournée vers ceux qui la font vivre et l'ancrent dans le local.

DÉVELOPPER

Pour aller plus loin dans cette économie ? Voici quelques sites internet qui concrétisent son expression ainsi qu'une idée possible pour agir et faire comprendre.

ADSL pour tous !

Quand vous habitez un village situé dans la zone blanche (c'est-à-dire non couverte par le réseau de communication électronique – réseaux mobiles pour les téléphones portables ou réseaux haut débit fixe pour Internet), difficile de rester connecté ! Lignes trop longues, de diamètre trop petit, vétustes… Les raisons sont multiples pour que l'opérateur, soucieux de rentabilité, ne considère pas ces zones rurales comme des sources de richesse économique. L'association ADSL pour tous se bat pour faire découvrir aux collectivités locales les solutions techniques et palliatives, et prouve que des investissements mesurés, 100 000 euros en moyenne, suffisent à changer la vie des citoyens !

 accès au forum : www.adslpourtous.info

Les gîtes historiques

Nos villages sont riches d'innombrables édifices remarquables et historiques qui sont souvent menacés faute d'usage. En parallèle, de plus en plus de Français recherchent des lieux de tranquillité et d'histoire pour passer des vacances différentes. L'entreprise solidaire Pierres d'Histoire s'est inspirée de l'expérience anglaise du *Landmark Trust*[1] pour restaurer ces édifices, en favorisant le travail local et l'insertion sociale, et les proposer en « gîtes historiques ». Grâce à un tarif de 35 € par nuit et par personne, en moyenne, tous les gîtes sont accessibles au plus grand nombre, et dynamisent les petites communes concernées.

www.pierresdhistoire.fr

Les potagers des rois !

La France compte de nombreux châteaux et ceux-ci sont souvent agrémentés d'un potager. Ces potagers, encerclés par un mur qui participait à favoriser le développement des cultures maraîchères et fruitières, sont pour beaucoup encore en activité. Au château de la Roche-Guyon, les potagers mixent les traditions séculaires locales et l'agriculture biologique contemporaine. Ils sont ainsi devenus une attraction à part entière pour toutes les personnes qui viennent visiter le château. L'histoire ne finit pas là puisque le potager est un chantier d'insertion pour les membres de l'association VIE, et que

---

1. Source : www.landmarkfrance.fr. Fondée en 1965, the Landmark Trust est une association britannique à but non lucratif qui a comme mission la préservation de bâtiments ou de sites d'intérêt historique en péril. Landmark sauvegarde et restaure ces bâtiments, leur redonne vie et les loue pour des vacances passionnantes et pour le plaisir de tous – ce qu'on appelle les Landmarks. Ensuite, les recettes de la location financent l'entretien.

les produits bio du potager sont les best-sellers de la boutique du château ! Une initiative qui a de l'avenir lorsque l'on pense à tous les potagers royaux de France !

 www.associationvie.fr et www.chateaudelarocheguyon.fr

Installer un écolotissement dans un village

La ferme Benis, à Montreuil de Gast dans l'Ille-et-Vilaine, aurait pu être une ferme comme tant d'autres. C'était sans compter le caractère de ses propriétaires ! La famille Benis, impliquée dans de nombreuses initiatives à vocations sociales et environnementales, a décidé il y a quelques années d'initier un projet d'aménagement immobilier satisfaisant à la fois les besoins de la commune mais aussi les exigences écologiques. Le projet Nouvel Air a vu le jour. Il prévoit la construction d'une cinquantaine de logements éco-conçus et porte des valeurs fortes : mixité sociale et intergénérationnelle, réduction maximale de l'utilisation de la voiture, création de jardins partagés, friches d'expérimentation… Porté à l'origine par une association, le projet a grandi et une société coopérative d'intérêt collectif (SCIC)[1] va prendre le relais pour le mener à bien.

 www.projet-nouvelair.org/

L'énergie partagée

Hausse du prix du pétrole, renchérissement du prix de la production d'électricité nucléaire… le « négawattisme »[2] n'est plus une vision militante mais une évidence dans les décennies à venir tant il nous faudra être économe avec l'énergie. Force est de constater que la production d'énergie en France n'est pas très transparente du fait des

---

1. La SCIC permet de regrouper des acteurs privés et publics, à but lucratif ou non lucratif, autour d'un projet qui vise à répondre aux besoins collectifs d'un territoire. Plus d'infos sur www.scic.coop

2. Le « négawattisme » se fonde sur la sobriété et l'efficacité énergétiques, c'est-à-dire la réduction à la source de la quantité d'énergie nécessaire pour un même service et une meilleure utilisation de l'énergie, à qualité de vie constante. Cette idée est portée par l'association Negawatt. Source : www.negawatt.org

enjeux stratégiques liés au nucléaire et de l'organisation souhaitée par les pouvoirs publics des acteurs qui la composent. L'idée de l'association « Énergie partagée » est justement de proposer une gestion de projets locaux *via* des outils financiers permettant des investissements au sein de structures à finalités non spéculatives, fondées sur la production d'énergies renouvelables et avec une gouvernance de type coopératif. Un outil intéressant et utile pour développer des produits à forte valeur démocratique locale.

 www.energie-partagee.org

Pour aller plus loin : la CantinOrestaurant !

Dans un village de 300 âmes, on observe un curieux manège : la zone scolaire compte trois écoles, et une seule dispose d'une cantine. Les enfants des deux autres écoles ne prennent pas seulement le car scolaire le matin et le soir, ils ont aussi droit à un trajet supplémentaire le midi pour aller à la cantine de la troisième école. Une organisation lourde, coûteuse et surtout peu cohérente avec les logiques environnementales et les temps de jeu nécessaires aux enfants le midi. Et sûrement pas un cas isolé !

Or, dans ce même village se trouvent une brasserie et un restaurant gastronomique. Plutôt que de proposer aux enfants un tour en car, la Bonne Idée Possible aurait été de leur proposer une virée au restaurant. L'école municipale aurait pu se mettre d'accord avec les deux restaurateurs locaux pour qu'ils accueillent en alternance les enfants de l'école, souvent peu nombreux, pour le déjeuner. Ces deux professionnels auraient été assurés d'une activité régulière. Les économies réalisées sur les frais de transport auraient pu payer les repas des enfants. Un projet de classe aurait pu voir le jour : les enfants participant à l'élaboration des menus, suivant le cycle de vie des fruits et légumes produits localement, etc.

Le bilan économique, gustatif et écologique d'une telle opération ne serait pas négatif pour la mairie qui l'initierait : ainsi faisant, elle assurerait un socle de vie locale autour de ses acteurs économiques locaux. Quant aux enfants, ils auraient droit à de bons déjeuners, dans un cadre agréable. Miam !

BOUTIQUE de JEANS
MADE IN LOCAL 30€
MADE IN WORLD 300€
Y A UN TRUC QUI M'ÉCHAPPE...
NouRé

Partie 4

LA FINANCE

La finance solidaire
au service d'une autre économie

La récente crise financière, tout d'abord, et la crise économique qui en a découlé, ont déclenché chez les épargnants[1] un souhait plus prégnant de traçabilité, de solidarité et de justice sociale.

La sphère financière a connu les mêmes transformations ces quarante dernières années que celles évoquées au fil des chapitres de ce guide et qui ont conduit, non seulement à une expression égoïste de la richesse, mais aussi à placer l'individu épargnant en manque total d'informations sur la destination de ses fonds placés dans les établissements financiers. Qui savait que ses placements dits sans risques contenaient des spéculations sur les prêts immobiliers des plus pauvres aux États-unis[2] ? Qui imaginait que sa banque plaçait la liquidité financière de ses clients dans des obligations de pays, eux-mêmes en risque majeur de liquidité ? Certains experts, sûrement, le grand public certainement pas !

Celui-ci a découvert les excès de la finance « hors sol ». La volonté de transparence de l'utilisation de l'argent a gagné le grand public comme une traînée de poudre jusqu'à permettre à un ancien foot-

---

1. Le dernier baromètre Finansol Lacroix (source : www.finansol.org) constate que l'en-cours de l'épargne solidaire a été multiplié par 5 depuis 2004 et que de plus en plus d'épargnants s'intéressent à l'épargne solidaire.
2. La crise américaine a mis en lumière la notion de *subprime*. Cette méthode permet, en prêtant à une catégorie plus risquée d'emprunteurs, d'améliorer la rentabilité du prêt. On parlera de *prime* lorsque le prêt sera accordé à un emprunteur fiable et donc à rentabilité faible pour la banque, et de *junks* pour les prêts accordés aux emprunteurs les plus risqués. Tout se passe bien, sauf quand la crise économique rend les emprunteurs en incapacité de rembourser les banques alors que celles-ci n'ont pas la liquidité suffisante pour faire face à cette pénurie financière.

balleur[1] de répandre la peur chez les banquiers et les ministres en proposant simplement aux Français de se poser la question de retirer leurs fonds des banques peu soucieuses de transparence !

Comme pour la traçabilité en matière d'alimentation, de produits industriels ou bien de matériaux de construction, les Français veulent plus de traçabilité en ce qui concerne l'argent qu'ils déposent dans leur banque. Ils sont de plus en plus nombreux à souhaiter diriger leurs économies vers le financement d'actions en phase avec leurs valeurs et un égoïsme de rentabilité à souhaiter rompre avec cette richesse aveugle. La finance solidaire est le véhicule idéal pour cela.

Histoire d'une autre forme d'épargne

La France est, à la différence de pays de culture anglo-saxonne, un pays d'épargnants dans l'âme. Autrefois, on glissait ses économies sous son matelas ou dans une des fameuses boîtes en fer blanc.

1818 marque un changement clé dans l'approche de l'épargne des Français avec l'arrivée d'un livret d'épargne accessible à toute personne physique, garantissant la disponibilité et le capital placé et assurant l'épargnant d'une rémunération annuelle : le livret A[2]. Les conditions d'utilisation et le taux de rémunération de ce livret étant fixé par l'État, 1818 marque aussi le départ en France de l'épargne dite réglementée qui formera l'état d'esprit de nombreux épargnants en mettant au cœur des placements utilisés, des approches dites « de bon père de famille », c'est-à-dire sans risque en capital. Le Français aime les livrets, surtout quand ceux-ci sont défiscalisés. La France a souvent inventé des livrets nets d'impôts et servant des pans d'économies comme le livret A et les logements sociaux, le Livret de développement durable et les entreprises, en y associant souvent des complexités fiscales en phase avec la qualité

---

1. Eric Cantona, suite à la crise financière, accuse les banques et propose « une mobilisation "révolutionnaire" : retirer en masse l'argent des établissements ». L'AFP se fait relais de cette proposition au travers d'une dépêche du 22/11/10 : « Un appel de Cantona à retirer son argent des banques fait du buzz ».
2. Le livret A a été créé le 22 mai 1818 par Louis XVIII pour solder la crise financière issue des guerres de Napoléon. Source : Wikipédia.

d'expertises des techniciens logés à Bercy. La France a sûrement la gamme de produits d'épargne bancaire la plus étendue, et la plus compliquée, au monde !

L'épargne réglementée n'est pas la seule forme d'épargne existante en France. En effet, s'inspirant ainsi d'une approche plus anglo-saxonne de l'argent dans l'économie, le financement actionnarial des entreprises ou le financement obligataire ont ouvert la voie à de nombreux produits financiers allant des plus simples, l'OPCVM[1] monétaire, aux plus compliqués comme les produits dits « complexes », en passant par toute une panoplie de produits mélangeant tous les ingrédients financiers. Ces produits sont généralement proposés sous le titre « placements », par différence avec les livrets qui se présentent eux en général sous le titre « épargne ».

Dans d'autres endroits du monde, comme l'Afrique ou le Québec, une autre forme d'épargne a fondé la base des gammes de produits d'aujourd'hui : l'épargne citoyenne. Cette épargne permet de collecter localement, au travers de cercles locaux d'épargnants, pour financer de petits projets[2].

L'épargne populaire et l'épargne citoyenne ont donné naissance, au début des années 1980, aux premiers principes de l'épargne solidaire, en commençant par le secteur de la finance.

Savez-vous que c'est une sœur qui va apporter, dans ces années-là, de la morale dans les produits financiers en s'inspirant de ce qui se passe aux États-Unis ? Sœur Nicole Reille est en effet la première à créer en 1983 un Fonds commun de placement dit éthique[3]. Un FCP est une grande famille de titres cotés, conduite par un gestionnaire qui doit respecter un code de la route, celui qui est déterminé dans le code génétique du fonds. L'idée de cette sœur est

---

1. OPCVM : Organisme de placement collectif en valeurs mobilières.
2. Par exemple, la tontine est une association d'épargnants se regroupant pour investir en commun et bénéficier, au terme échu, de l'intégralité des fruits de la gestion (www.la-tontine.org).
3. Sœur Nicole Reille est économe générale de la Congrégation Notre-Dame. Elle a été fondatrice de l'association Éthique et Investissement en 1983 qui a donné naissance au premier Fonds éthique et social qui permet d'investir en Bourse à condition de contribuer à une économie centrée sur l'homme et son développement.

de mettre dans ce code génétique des critères d'exclusion de valeurs (financières) qui n'étaient pas en conformité avec les valeurs (humaines et solidaires) du fonds. On n'achète alors aucune action qui ne soit pas en cohérence avec le fonds (éthique d'exclusion) ou alors on privilégie les achats d'actions qui sont, elles, totalement en cohérence avec le fonds (éthique d'inclusion). Ce mécanisme a pour effet de garantir à l'épargnant solidaire une certaine cohérence de valeur de son portefeuille et aussi d'agir sur les cotations des actions, et donc sur l'attention de l'actionnariat des entreprises.

La finance solidaire est née, et elle va progressivement s'organiser en trois grandes familles : l'épargne de partage où les intérêts sont partagés avec une association ; l'épargne d'investissement solidaire où les fonds épargnés servent à financer des structures œuvrant au profit de la solidarité ; l'épargne ISR, issue de l'idée de Sœur Nicole Reille et qui permet donc d'exclure ou d'inclure des actions d'entreprises cotées dans la gestion de portefeuilles financiers.

J'épargne donc je suis...
acteur d'une économie plus humaine

Avec l'épargne solidaire, on n'est pas dans le domaine du concept. On est totalement dans le concret de l'argent utile. Utile pour aider les associations à accompagner les plus pauvres, utile pour financer les petites entreprises, utile aux initiatives qui réactivent le local et offrent des chances d'emplois pour des personnes en difficulté... Nous sommes donc là dans un domaine très différent de l'épargne financière classique.

Une des premières différences est pour vous-même : en effet, vous devenez acteur de l'affectation des éléments de solidarité de votre placement ! Si vous avez opté pour le partage, vous allez alors décider de l'association qui recevra une partie de vos intérêts annuels. L'association, elle, se devra de vous associer à l'utilisation des fonds reçus en communiquant de façon claire et transparente, sous peine de voir votre choix de partage se diriger vers une autre association. Si vous avez opté pour l'investissement solidaire, vous allez décider dès le départ du cap que prendra le financement que vous permettrez de faire (agriculture biologique, insertion, aide aux personnes handicapées...). Vous êtes le catalyseur de ce que fera votre argent dans l'économie qui vous entoure et vous devenez partenaire associé en suivant l'état d'avancement de la structure ou des projets que vous financez, si vous le désirez.

Pour les entreprises financées, c'est aussi une grande différence. En effet, leur petite taille ou la nouveauté du secteur d'activité dans lequel elles souhaitent exercer leur talent est souvent un élément de risque pour la finance classique qui préfère investir son temps dans des secteurs établis et soi-disant sans risques. Si en plus, l'entrepreneur a le souhait que son activité aide un pan social de l'économie, la finance classique considère alors dès le départ comme non rentable de s'y intéresser. L'épargnant solidaire permet alors aux structures adaptées de faire ce travail d'écoute et de confiance inhérent à la création de secteurs économiques nouveaux et à l'accompagnement dans la durée de petites entreprises dynamiques.

Pour les associations aidées, c'est un gage d'indépendance. En apportant des moyens financiers stables, les épargnants solidaires permettent aux associations soit de réduire leur dépendance aux fonds publics dont le niveau baisse chaque année, soit de faire appel à des prêts bancaires solides en prenant appui sur les fonds propres issus de nombreux donateurs. Dans tous les cas, vous permettez la consolidation de l'emploi et des compétences au sein de la structure associative sans but lucratif que vous aidez.

Certaines banques, comme le Crédit Coopératif, proposent des solutions simples et transparentes ainsi que des conseillers formés à l'éthique et à la connaissance des actions des associations ou entreprises bénéficiaires des fonds solidaires.

Label Finance

La confiance est la clé de voûte de la finance solidaire. Mais comment se repérer dans la jungle des produits proposés, que ce soit dans le domaine du partage, de l'investissement solidaire ou de l'ISR, et garantir le sérieux et la transparence de ces produits ? Deux labels se sont imposés en France : le label Finansol[1] et le label ISR[2].

---

1. www.finansol.org
2. www.epargne-solidaire.com/labels-isr/

Commençons par le plus ancien, car il date de 1995, le label Finansol. L'histoire commence par une association fondée dans le but de promouvoir la finance de partage et d'investissement solidaire. En 1997, elle décerne des labels à certains produits solidaires et n'a de cesse d'encourager les banques à proposer ce type de placements à leurs clients en insistant sur les critères de transparence et de solidarité.

Une équipe de professionnels étudient donc les dossiers de candidature pour les nouveaux entrants et réalise chaque année des audits pour vérifier le respect des normes demandées. Une autre équipe travaille à promouvoir auprès du grand public, ainsi qu'auprès des responsables politiques, cette approche plus vertueuse de la finance.

En 2001, Novethic apparaît dans le paysage financier, lancé par la Caisse des dépôts et consignations. Le but de cet acteur était de devenir une référence en matière de recherche dans le domaine de l'Investissement socialement responsable (ISR) et de la Responsabilité sociale des entreprises (RSE). C'est chose faite avec la création du label ISR qui permet de repérer dans les gammes d'OPCVM les placements en cohérence avec ces valeurs. Comme pour Finansol, des professionnels étudient avec minutie les placements et analysent tous les semestres les éléments transmis.

Si certains acteurs observent et jugent les placements proposés par les banques, d'autres acteurs jugent la banque elle-même. C'est le cas de l'association Les Amis de la Terre »[1] qui édite chaque année des comparatifs environnementaux et sociaux entre les banques et les assurances. Cette pression médiatique a pour effet de mettre le projecteur sur des établissements plus respectueux ou de modifier l'attitude d'autres banques dans leur participation à des financements moins vertueux. Ce fut le cas, grâce aux actions médiatiques de cette association, sur le retrait de la Société Générale du projet controversé de barrage en Turquie ou de la BNP sur la centrale nucléaire en Bulgarie. Naviguer sur le site www.financeresponsable.org permet d'en savoir plus.

---

1. Les Amis de la Terre est une association de protection de l'homme et de l'environnement créée en France en 1970 et qui a participé à la fondation du mouvement écologiste français (www.amisdelaterre.org).

Le solidaire en direct, sans intermédiaire

Même si les placements bancaires occupent une place prépondérante dans le patrimoine des épargnants français, il est aussi possible d'aider le financement de l'économie humaine au travers de produits plus directs dans leurs investissements.

Commençons par les foncières. Ces entreprises ont pour objet social la détention d'un parc immobilier, d'un ensemble de terres agricoles ou de forêts, et pour but, la location de ces ensembles ou leur valorisation en vue de revente. Dans le cas de la finance solidaire, les foncières visées sont celles qui ont un objet social ou solidaire car elles permettent, par l'achat de parts de capital, de participer à des actions locales humaines tout en permettant un crédit d'impôt.

La foncière Habitat et Humanisme permet d'acheter ou de rénover des biens servant à loger des personnes en souffrance en leur proposant des loyers très modestes. Cette foncière est un exemple du genre car elle gère aujourd'hui plus de 46 millions d'euros et a permis d'acquérir ou de réhabiliter près de 2 000 logements. Autre exemple, la foncière Terres de Liens qui permet d'acheter des terres agricoles pour amplifier la surface de terres agricoles bio en France.

Poursuivons par les Cigales[1] et les super Cigales. Une Cigale est un groupe de personnes (de 5 à 20) qui décident de mettre en commun de l'argent tous les mois (souvent de petites sommes) dans le but d'investir dans le capital d'une entreprise et ainsi de l'aider dans son développement. Bien entendu, le but de la Cigale n'est pas d'acheter l'entreprise et c'est pourquoi la participation est toujours minoritaire (33 % du capital pour une SARL). Les Cigales ne servent pas qu'en capital. La compétence du groupe de personnes les composant leur permet aussi d'aider le chef d'entreprise par des conseils avisés en comptabilité, par exemple. Au bout de 5 ans, une Cigale devient Cigale de gestion qui suit les investissements réalisés jusqu'au rachat des parts en accord avec le gérant d'entreprise. Cette forme d'investissement solidaire est idéale pour

---

1. www.cigale.asso.fr

aider les entreprises locales et est en train, du fait de la crise financière, de retrouver un dynamisme et une énergie à toute épreuve.

Intégrer une Cigale locale est une expérience riche de sens et de contact. Si l'on ne désire pas forcément rester à un niveau local mais donner une dimension nationale à son investissement, il convient alors de rejoindre une structure coopérative comme Garrigue[1] qui investit plus collégialement. Un peu comme une super Cigale !

Si vous êtes basque, vous pouvez aider directement des petites entreprises du pays en investissant dans une des plus anciennes structures de capital risque, la SCR Herrikoa. Cette SCR a un capital de 3 millions d'euros, 4 200 petits actionnaires et a contribué à la création de près de 3 000 emplois en trente ans[2].

Si vous voulez aider le développement d'un quartier, rejoignez les fonds de participation. Il en existe près de 140 en France qui regroupent des habitants, des associations et la collectivité locale. Leur but est de développer ensemble des services de proximité ou des activités de lien social. Pourquoi pas aussi aider des coopératives d'emplois comme L'ouvre-boîte[3] à Nantes qui, pour sa création, a fait appel à des particuliers pour son financement en leur proposant des titres participatifs qui agissent directement dans les fonds propres de l'entreprise. Vous êtes plus sensible à la culture ? Dans ce cas, aidez au financement par micro-mécénat comme le propose les AMAP culturelles ou bien les AMACCA (Association pour le maintien des alternatives en matière de culture et de création artistique). Vous habitez en Ardèche et vous aimez les monnaies locales solidaires ? Ayez des lucioles dans votre portefeuille. Cette monnaie est déjà acceptée dans plus de 30 commerces locaux quelques mois après son lancement.

---

1. Garrigue a été historiquement la première société exerçant une activité spécifique de capital risque au profit des entreprises solidaires et apparaît aujourd'hui comme l'opérateur de référence du capital risque alternatif et solidaire sur le plan national (www.garrigue.net).
2. www.herrikoa.com
3. www.ouvre-boites44.coop

Une finance patiente pour une économie durable

La finance solidaire est maintenant accessible grâce à des produits simples comme le sont les livrets de partage ou ceux qui favorisent l'investissement solidaire. Elle est transparente grâce à des labels de qualité, et proche car les épargnants ont fait bouger une grande partie des banques pour qu'elles injectent ces solutions dans leur gamme. Mais cette finance permet surtout une rupture avec ce que nous avons connu depuis des décennies, repoussant ainsi les attentes égoïstes et aveugles fondées uniquement sur le rendement et le résultat fiscal du placement. La finance solidaire place au cœur de la chaîne globale le souhait de voir une finance plus patiente et plus humaine.

AGIR

François De Witt, président de Finansol

© Finansol

« Que des gens aient de l'argent, tant mieux, l'important est l'usage qu'ils en font ! »

Journaliste dans la presse économique et financière depuis l'obtention de son diplôme à Sciences Po en 1968, François De Witt n'est pas embarrassé lorsqu'il s'agit de parler de questions d'argent. Il faut dire qu'une conviction indéfectible l'anime : « Que les gens aient de l'argent, tant mieux. L'important, c'est ce qu'ils en font ». Fort de ce précepte, qui a guidé toute sa carrière, il est devenu en 2007 le président de Finansol, le seul collectif des finances solidaires existant en France. « J'ai accepté d'autant plus facilement ce poste que je ressens un besoin fondamental de rendre service », explique-t-il. « Je crois aux vertus bienfaisantes de la solidarité choisie par rapport aux contraintes imposées par la solidarité nationale ».

S'impliquer dans l'action de Finansol était donc une évidence. « La finance solidaire a pour objectif de fournir des capitaux à des structures de grande utilité sociale ou environnementale », souligne-t-il. C'est donc la finance de l'économie humaine par excellence : « Elle place tout naturellement l'homme au centre de ses préoccupations, à commencer par les hommes et les femmes aux prises avec les difficultés de la vie », ajoute le président de Finansol.

Alors que pense-t-il de la situation actuelle de la finance ? Un mot lui vient spontanément à l'esprit pour la décrire : complexité. « La complexité des outils financiers proposés au grand public provient de la multiplication des régimes fiscaux dérogatoires... et surtout de la grande créativité de leurs concepteurs ! », analyse-t-il. Or cette complexité nuit gravement à la transparence pourtant nécessaire pour rassurer les épargnants. Là encore, la finance solidaire est en avance sur la finance traditionnelle, et François De Witt tient à le souligner, même s'il reconnaît que cette transparence est toujours susceptible d'être améliorée.

Lorsqu'il se tourne vers l'avenir, le président de Finansol se laisse tenter par l'optimisme. « Sur l'année 2010, pour 1 000 euros placés, 5 sont allés vers le solidaire. C'est peu, mais la place de la finance solidaire augmente d'année en année ». D'autant plus que François De Witt est persuadé que les choses vont s'accélérer : « Je parie que l'on peut passer à 50 euros d'ici 10 à 15 ans ». Une condition toutefois : « Il faut qu'émergent en grand nombre des "entrepreneurs sociaux" désireux de donner un sens collectif à leurs talents de meneurs d'hommes et de gestionnaires. Ils sont encore rares, mais je ne doute pas de leur montée en puissance progressive. C'est un phénomène dont le monde entier a besoin ». On ne peut pas lancer plus clairement un appel à tous ceux et celles qui se sentent prêts à se lancer dans l'aventure de l'économie humaine !

Hugues Sibille, cofondateur du Mouves

« Les entrepreneurs sociaux apportent optimisme et fraîcheur à l'économie française »

© Fabrice Dimier

« Je suis un homme de l'économie sociale et solidaire » (ESS), annonce Hugues Sibille en guise d'introduction. Et c'est certainement la meilleure façon de le présenter au regard de son investissement en temps et en énergie dans ce secteur. Son dernier apport à cette autre économie ? Sa participation à la création du Mouves, le Mouvement des entrepreneurs sociaux, qui a pour ambition de fédérer les entrepreneurs sociaux pour leur assurer une plus grande visibilité.

Une action à laquelle il est ravi d'avoir pu s'associer : « Il s'agit de montrer qu'on peut entreprendre autrement, de défendre le leadership des entrepreneurs, de montrer qu'on peut apporter des réponses aux enjeux humains de société ». Les chefs d'entreprise acteurs de cette économie prouvent qu'il est possible de concilier des objectifs d'utilité sociale avec des modèles économiques viables. « Les entrepreneurs sociaux apportent d'abord l'optimisme, de la confiance en l'avenir qui fait tant défaut en France. Ils montrent que la porte du changement peut s'ouvrir de l'intérieur ».

Mais au fait, qui sont-ils, ces entrepreneurs sociaux ? Le vice-président du Mouves a une idée assez précise de la réponse, mais celle-ci est plus un programme d'actions que la définition d'une réalité déjà existante. Selon lui, il faut, d'une part « créer *ex nihilo* des entreprises sociales nouvelles, reposant sur un fort potentiel d'innovation sociale », et d'autre part, « favoriser la mutation d'une partie du monde associatif vers des entreprises associatives ou entreprises sociales ».

Hugues Sibille ne s'inquiète pas pour l'avenir du premier pilier de sa définition : « Il faut voir aux Salons des entrepreneurs de Paris ou de Lyon les amphis pleins à craquer de jeunes, de cadres, qui s'intéressent à ces nouvelles façons d'entreprendre ! », s'enthousiasme-t-il. Mais il est très mobilisé quant au second point car selon lui, une partie de l'ESS n'a pas encore compris qu'une telle mutation va dans leur intérêt. « Les entreprises associatives ont besoin d'entrepreneurs capables de gérer les ressources humaines, de développer de nouveaux projets, de diversifier les financements, de faire preuve de performance globale », précise-t-il. S'il regrette cette situation, le cofondateur du Mouves y voit aussi un formidable défi pour tous les acteurs de l'ESS. Et il compte bien être en première ligne pour le relever.

LA FINANCE SOLIDAIRE GAGNE DU TERRAIN

Conclusion

« Une autre économie est possible » est une évidence et un souhait qui nous a conduits à écrire ce guide, tant celle qui occupe aujourd'hui notre monde semble ne plus servir l'intérêt humaniste au sens large mais uniquement l'intérêt individualiste. Nous n'imaginons pas une seconde qu'une autre économie se substituera à l'actuelle par le biais d'une révolution radicale venant de l'extérieur.

Non, « une autre économie est possible, car elle existe déjà ».

Grâce à l'ajout de ces quelques mots, nous passons de l'utopie au possible, de subir à agir, d'espoirs déçus à espoirs renaissants.

Oui, cette économie humaine existe déjà. Il n'est pas nécessaire de tout inventer, de tout détruire pour tout reconstruire. Des hommes et des femmes passionnés, avant-gardistes, ont ouvert concrètement des voies dans lesquelles notre économie à la recherche de sens ne demande qu'à s'engouffrer.

Ces hommes et ces femmes, ces projets que nous vous avons présentés au fil des pages ne demandent qu'à être entendus et copiés car leurs actions ne sont pas tournées vers la richesse d'argent mais la richesse du cœur.

Avez-vous remarqué votre attitude lorsque quelqu'un, devant vous, vous tient une porte en attendant votre arrivée ? En général, vous accélérez le pas et vous souriez en remerciant la personne de cette action généreuse et, à votre tour, vous regardez derrière vous pour passer ce relais positif. L'économie humaine fonctionne dans cet état d'esprit et c'est pour cela qu'elle s'apparente à la pollinisation des abeilles, permettant d'essaimer des idées simples dans un périmètre proche, par des relais humains qui élargissent au fur et à mesure ses rayons d'action. Ce n'est pas forcément une économie qui « passe par Paris » en obligeant l'État à tout gérer, ou qui « passe par les marchés financiers » en oubliant qu'avant tout, chaque dépôt sert à faire un crédit et non à alimenter un énorme système financier mondial totalement déconnecté de toute logique humaniste.

Au travers des grands chapitres de ce guide, nous avons tenté de vous aider à comprendre les raisons qui font que cette économie humaine peut être une alternative concrète à notre actuelle économie dont on sent qu'elle peine à trouver des solutions à tous ses travers.

Que ce soit dans le domaine essentiel de la protection de la planète et de l'homme, avec les espoirs qu'apportent les activités fondées sur une agriculture plus humaine et animée par des paysans et non plus des « exploitants » agricoles ; avec la valeur ajoutée instaurée par l'ensemble des acteurs du recyclage et de la réparation ; avec les nombreux emplois nécessaires à la mise en place d'habitations moins énergivores et plus utilisatrices de bon sens et de matériaux naturels, idéalement produits à proximité.

Que ce soit dans le domaine de la connaissance avec une priorité donnée à la transparence et à la pédagogie et non plus aux astuces machiavéliques des vendeurs sans âme ; avec le respect du travail manuel et de l'excellence de celui-ci comme exemplarité d'un monde moderne ; avec le formidable relais des réseaux sociaux facilitateur de compréhension de mécanismes des systèmes et à l'échanges des idées ; avec l'installation de mécanismes démocratiques au sein des entreprises tant dans l'approche de management que dans celle qui conduit à l'expression des clients.

Que ce soit dans le domaine de la relocalisation de l'économie avec le boum des circuits courts, créateurs de valeurs locales ; avec les nouvelles façons d'imaginer les villes dans leur ensemble et la vie des quartiers en particulier ; avec l'animation économique de tous les nombreux villages qui, comme des alvéoles de ruches, peuvent tous être des lieux acteurs d'une économie plus humaine avec des solutions économiques adaptées.

Ce basculement économique est déjà engagé car poussé par deux grandes forces qui tendent à l'encourager : un prix de transport de plus en plus cher qui va inverser le mécanisme qui règne actuellement sur la consommation mondiale et un souhait d'une partie de la population mondiale de consommer mieux, plus juste, plus transparent et d'arrêter de manger la Terre qui nous héberge.

Quand nous avons débuté l'écriture de ce livre, l'essence coûtait[1] en moyenne 1,39 € le litre et animait déjà des débats sur la cherté de sa consommation. Moins d'un an plus tard, elle coûte en moyenne 1,52 € le litre, soit 9 % de hausse en quelques mois. À inflation constante, les 3 € indiqués dans ce livre et qui imposeraient un choix entre se déplacer ou manger (10 % du salaire moyen français pour faire un plein) seront atteints avant la fin de l'année 2018. Et même si tous les acteurs s'unissent pour que le prix de l'essence ne progresse pas aussi vite ou que nos véhicules consomment moins, il est évident que l'essence pas chère est un doux rêve et qu'il y aura forcément des conséquences sur les habitudes de consommation de chacun. Or, 2018 c'est quasiment demain.

Dans ce cadre, investir économiquement dans les fondamentaux de l'économie humaine est sûrement l'un des investissements les plus rentables à terme.

Chacun de nous peut être acteur de cette nouvelle forme d'économie qui place l'homme en son cœur, et faire du respect sa valeur principale au quotidien. Pour arriver à cela, il nous faut passer du « je » au « nous », du « j'ai » à « je suis » et écrire d'autres façons d'être ensemble sur la Terre. Plus nous serons nombreux à agir en ce sens, à construire près de chez soi un des morceaux de cette mosaïque économique nationale, plus elle a de chance de se construire rapidement et durablement.

Comme le pointe notamment Edgar Morin[2], les changements radicaux de l'humanité (agriculture, écriture, démocratie…) ont commencé par l'invention de modèles isolés, fondés par une minorité de personnes. Certaines de ces idées fortes se sont généralisées car elles étaient portées par une minorité soudée, plus forte que l'individualisme. À partir du moment où une part significative de la population se met à penser ou à agir d'une certaine façon, l'ensemble de la société bascule.

---

1. Source : www.automobile-club.org, dans l'espace « prix des carburants ». Écart du prix du sans plomb 95 et du gazole entre juillet 2010 et juin 2011, soit sur moins d'un an d'écart.
2. Edgar Morin : sociologue et philosophe français. Source : mouvement Colibris « transformons nos territoires ».

C'est grâce à cette pollinisation des idées que l'économie peut changer. C'est pourquoi l'hécatombe actuelle des colonies d'abeilles et l'énergique lutte que mènent de nombreuses personnes pour les sauver est symbolique d'un changement de paradigme. L'économie déshumanisée n'est pas pollinisable naturellement et il nous faut revenir à des projets simples, légers et essaimables facilement car ils contiennent en eux les gènes du partage et de l'humanisme.

L'esprit coopératif, le respect que l'on accorde et que l'on reçoit, et l'envie de se remettre debout sur cette belle planète qui nous accueille sont les fondamentaux d'une économie plus respectueuse : l'économie humaine.

Osons !

Un exemple 100 % économie humaine

En guise de résumé des explications des trois piliers de l'économie humaine que nous avons développés au fil des chapitres, une illustration concrète s'impose pour prouver une fois encore que l'économie humaine n'est pas une utopie mais une réalité déjà tangible. Partons donc à la rencontre d'une structure qui, en France, englobe tous les critères de cette forme plus humaine d'économie : le réseau Cocagne.

Un peu d'histoire pour commencer…

À la fin des années 1980, Jean-Guy Henckel, un entrepreneur social innovant, voulait agir pour aider à la réinsertion des personnes considérées à priori comme les plus « inemployables », parce qu'elles sont désocialisées, ont passé de longues années en prison, sont à la rue depuis longtemps. Avec l'aide de l'association Julienne Javel, il décide de s'inspirer d'un modèle de jardins bio développés en Suisse, auquel il ajoute un volet social pour créer, en 1991, le premier Jardin de Cocagne à Chalezeule (Doubs).

Rapidement, le concept connaît un tel succès que de nombreux autres jardins voient le jour un peu partout en France. En moins de dix ans, un réseau de 50 jardins s'est développé. Ces derniers décident alors de se doter d'une structure d'envergure nationale pour mettre en commun leurs expériences et continuer à valoriser et faire connaître leur action. Le réseau Cocagne naît en juillet 1999 et compte en 2011 près de 110 jardins en activité, et 15 en projet.

Les Jardins de Cocagne sont exemplaires de cette économie humaine car ils protègent les hommes et la nature, permettent l'activité locale et sont source de pédagogie.

AïE!
COCAGNE
COCAGNE
COCAGNE
COCAGNE
COCAGNE
PIZZA VITE
PANIERS COCAGNE, C'EST TOUT DE MÊME MOINS DANGEREUX QUE DE LIVRER DES PIZZAS !!!
Nouré

Baladons-nous dans un jardin…

Premier constat alors que nous marchons dans les allées qui entourent les cultures maraîchères : aucun engrais ni pesticide à l'horizon. Nous sommes là dans une production totalement biologique.

Autour des cultures s'affairent des jardiniers qui ont le sourire. Ces personnes qui s'occupent avec soin des fruits et légumes étaient encore il y a peu en situation précaire (chômeurs longue durée, allocataires de minimas sociaux, personnes sans revenus…). Ils sont devenus des « jardiniers », c'est-à-dire des personnes que Cocagne aide en leur apprenant un métier et en leur permettant de se resocialiser : préparation des cultures sous serre, entretien du matériel, participation active à la vente des produits sur les marchés, à la préparation des paniers de légumes, livraison des commandes… C'est un travail à plein temps et prenant, par lequel les jardiniers redécouvrent l'esprit d'équipe et d'entraide, tout en étant encadrés par des professionnels de l'aide à la réinsertion mais aussi du maraîchage et de la vente.

Un autre constat s'impose en regardant l'outillage des jardiniers : ici, pas de plastique inutile ou d'objets jetables, c'est trop cher. On leur préfère le bois, la cagette, les produits recyclés et les outils fabriqués par des artisans locaux, plus résistants et plus efficaces pour des personnes qui apprennent le métier. L'adage selon lequel les bons outils font les bons ouvriers est toujours aussi vrai.

Cultiver bio et resocialiser les personnes tout en créant de l'emploi : un bel exemple d'une économie protectrice de l'homme et de la planète.

Notre promenade dans un Jardin de Cocagne se poursuit. Nous tombons nez à nez avec un groupe d'enfants sagement assis en rond autour d'un apiculteur leur expliquant la pollinisation des abeilles. Les ruches ne sont pas loin et il est facile d'observer les abeilles qui butinent de fleur en fleur. La leçon de biologie est très concrète et les enfants deviennent rapidement incollables sur le rôle du pollen. Un peu plus loin, un autre groupe d'enfants. Ceux-là ratissent la terre et y découvrent des vers de terre, d'autres se penchent avec intérêt sur l'évolution des bourgeons. Les Jardins de Cocagne sont des écoles grandeur nature !

De la musique derrière une serre ? Allons voir. On y découvre une joyeuse bande d'adolescents construisant un mur en torchis avec de la paille et de l'argile ! Ils découvrent ainsi les aspects techniques de la thermicité, un chapitre de physique-chimie qui a des applications très concrètes dans l'écohabitat. Nous ne nous attardons pas trop car la bataille de glaise n'est pas loin.

À ces activités variées, on peut ajouter les panneaux qui ornent les jardins et expliquent les saisons, les recettes proposées pour bien préparer les légumes, les cours pour apprendre à faire des conserves, le patient travail de recherche sur les fruits et légumes oubliés… Définitivement, les Jardins de Cocagne sont plus qu'un simple lieu de production !

Éduquer grands et petits à la nature et mettre le travail manuel au cœur de la passion, souvent grâce aux expériences des plus anciens : un bel exemple d'une économie de la connaissance.

Notre balade touche à sa fin. C'est la journée « portes ouvertes », un rendez-vous hebdomadaire auquel sont conviés les habitants des environs qui viennent chercher leur panier, leur « part de légumes » comme disent les personnes des Jardins. Les adhérents de l'association (chaque jardin est créé sous le régime associatif) voient ainsi comment sont cultivés les produits et rencontrent les jardiniers, heureux de faire partager leur expérience tant professionnelle qu'humaine : ils ont désormais une activité reconnue et appréciée, alors qu'ils étaient auparavant en marge de la société.

L'offre des paniers bio est adaptée aux besoins de l'adhérent : panier famille (pour quatre personnes) ou demi-panier (pour une ou deux personnes). Le prix de référence est calculé en fonction de la saison et des variations saisonnières.

Les Jardins de Cocagne sont un bel exemple d'organisation en circuit court : la culture est locale, ce qui permet d'assurer une agriculture de proximité sur des terres agricoles biologiques, formant une ceinture alimentaire vitale lorsque l'essence sera encore plus rare et chère et que produire loin ne sera plus une solution économique. De même, la distribution est locale et directe. Les jardins proposent plusieurs points de distribution qui sont toujours l'occasion de rencontres et de discussions avec les adhérents.

> **Cultiver localement et favoriser une distribution en circuit court en permettant à chacun de vivre de son travail : un bel exemple d'une économie localisée et relocalisante.**

DU CÔTÉ DE LA FINANCE[1]

Les deux tiers des jardins utilisent moins de 4 hectares de terre qui, dans 90 % des cas, est louée par un propriétaire. Un jardin moyen, c'est un budget de 430 000 euros. 25 % du budget provient de ventes de fruits et légumes aux adhérents, 33 % des subventions de l'État et du conseil général. Le reste est constitué des aides de l'État pour les actions de réinsertion. Un jardin sur deux a un équilibre financier précaire. Pourtant, le rôle de ces jardins est vital pour une approche humaine et écologique des terres agricoles situées à proximité des villes, pour favoriser les circuits courts dans le domaine des produits frais, et pour aider naturellement à la mixité sociale et générationnelle.

Pour soutenir ces jardins, le plus simple est de devenir adhérent des paniers de Cocagne. Un autre coup de pouce peut être apporté en choisissant certains produits financiers d'épargne solidaire qui, grâce au partage annuel des intérêts, permettent d'apporter de plus en plus d'autonomie financière au réseau Cocagne pour le développement et la sécurisation des jardins en France.

Vous pouvez aussi agir dans le débat public local pour que les villes s'imposent des ceintures alimentaires fondées sur l'agriculture biologique. Cette action bénéficiera à cette association car même si aujourd'hui la demande de paniers est telle – et que Cocagne invente chaque jour de nouvelles idées pour remettre des pans d'économie sur des rails plus durables, comme l'implantation de fleurs de Cocagne au sein du jardin d'Avignon pour offrir des fleurs coupées plus écologiques et moins dévastatrices écologiquement que celles en provenance de Hollande, souvent peintes pour plus de couleurs – la concurrence avec le foncier d'habitation est difficile.

---

1. Données issues du rapport d'évaluation des Jardins de Cocagne, année 2009.

CHIFFRES CLÉS[1]

- Près de 110 Jardins de Cocagne en activité ;
- 4 700 salariés (7 000 jardiniers et 700 personnes en charge de l'encadrement social, technique, professionnel, administratif et d'animation) ;
- 20 000 adhérents consommateurs ;
- 300 hectares cultivés.

À titre indicatif, voici un exemple de composition du panier, en fonction des saisons :

PANIER DE COCAGNE AU FIL DES SAISONS			
Printemps	**Été**	**Automne**	**Hiver**
une botte de radis une salade une botte d'oignons persil 1,5 kg de carottes 750 g de haricots à rame	un concombre une salade 1 kg de courgettes 1,5 kg de pommes de terre 1,5 kg de tomates 750 g d'aubergines	un chou-fleur une chicorée scarole 1 kg d'oignons de conservation 500 g de fenouil 1 kg d'épinards	1 kg de radis noirs 300 g de mâche 1 kg de betteraves 2 kg de pommes de terre 1 kg de poireaux

Source : www.reseaucocagne.asso.fr

---

1. Source : www.reseaucocagne.asso.fr

Récapitulatif des pistes proposées

Économie humaine et agriculture biologique

- L'emploi dans le monde du bio :
  www.bio-emploi.com
- Une formation complémentaire en bio :
  www.terre-humanisme.org
- Découvrir les métiers :
  www.lesavoirfaire.fr
- Devenir distributeur avec le réseau Biocoop :
  www.biocoop.fr
- Être un bio-chercheur :
  www.grab.fr
- Foncièrement bio :
  www.terredeliens.org

Économie humaine et recyclage

- Métisse, un isolant pas comme les autres :
  www.lerelais.org/Isolant-Metisse
- Les sacs Nature & Découvertes :
  www.natureetdecouvertes.com
- Le réseau Envie d'Agir :
  www.envie.org
- Les sapins recyclés :
  www.paris.fr/ (paris pratique)
- Les « déchétariens » :
  www.freegan.fr

Économie humaine et réparation/micro-location

- Les ressourceries :
  www.ressourceries.fr
- L'association « Avec-Toit » :
  www.avec-toit.fr

- Le garage associatif :
  http://www.garages-solidaires.fr/adresse/gs-1243146827-zb_garage-associatif-de-roubaix.html

Économie humaine et écohabitat

- Le magazine Habitat Naturel :
  www.habitatnaturel.fr
- Le réseau Éco-bâtir :
  http://reseau-ecobatir.org/
- La Fédération nationale des coopératives d'HLM :
  www.hlm.coop
- La formation par IFECO :
  www.ifeco.fr
- L'association La Passion du bois :
  www.lapassiondubois.com
- L'association Arbocentre :
  www.arbocentre.asso.fr
- La Maison de Cèdre :
  www.maison-de-cedre.com

Économie humaine et réseaux sociaux

- Le réseau social de l'économie humaine :
  www.mycoop.coop
- La communauté des CV :
  www.linkedin.com
- Un petit panda, deux petits pandas, et toi, et moi… :
  www.planete-attitude.fr
- Vive les voisins ! :
  www.voisinssolidaires.fr
- Des séniors accrocs ! :
  www.aucoursdesages.fr

Économie humaine et apprentissage

- Transmettre sa passion aux enfants :
  www.loutilenmain.asso.fr
- L'univers des compagnons :
  www.compagnons-du-devoir.com et www.compagnons.org
- Préserver notre patrimoine local :
  www.maisons-paysannes.org

- Dès la maternelle, laisser respirer la sensibilité de l'enfant :
  www.montessori-france.asso.fr
- Construire pour comprendre :
  www.guedelon.fr et www.hermione.com

Économie humaine et nouvelles façons d'entreprendre

- Le site des SCOP :
  www.les-scoop.coop
- Je déj, je donne :
  www.jedej-jedonne.com
- Les entrepreneurs d'avenir :
  www.entrepreneursdavenir.com
- Les Caisses populaires du Burkina :
  www.rcpb.bf
- L'espace La Ruche :
  www.la-ruche.net
- La promotion du logiciel libre :
  www.april.org
- Entrepreneurs solidaires, unissons-nous ! :
  www.mouves.org

Économie humaine et circuits courts

- Croquez la pomme locale :
  www.croqueurs-de-pommes.asso.fr
- Le mouvement Colibris :
  www.colibris-lemouvement.org
- Des sentinelles veillent :
  www.slowfood.fr/les-sentinelles-slow-food-en-france#1
- La force de l'inter-réseau local :
  www.ess-bretagne.org/actions-en-cours/eco-construction.html
- « Paris ci » les bons fruits et légumes ! :
  info@terroir-avenir.fr
- Circuits courts en ligne :
  www.consommer-local.fr
- Ne jetez pas, donnez ! :
  www.recupe.fr

Économie humaine et villes

- À cheval sur le bon sens :
  www.equiterra.fr
- Les jardins partagés :
  www.jardins-partages.org
- Auto-partage et partage de l'auto :
  www.caisse-commune.com et www.livop.fr
- Un toit, deux générations :
  www.leparisolidaire.fr ou www.ensemble2generations.fr
- Les vélos taxi :
  www.rsenews.com/public/mobilite/velo-taxi-france.php

Économie humaine et villages

- ADSL pour tous ! :
  www.adslpourtous.info
- Les gîtes historiques :
  www.pierresdhistoire.fr
- Les potagers des rois ! :
  www.associationvie.fr et www.chateaudelarocheguyon.fr
- Installer un écolotissement dans un village :
  www.projet-nouvelair.org/
- L'énergie partagée :
  www.energie-partagee.org

*Réduire les déchets et améliorer
la qualité des repas à la cantine ?*

La taxe poubelle : sur la base d'une taxe payée quand on dépasse un poids maximal de déchets par personne lors de la préparation de repas dans les cantines scolaires, la taxe poubelles a pour objectif la relocalisation des repas dans les cantines avec des produits locaux de qualité et la mise en place d'un système de compostage associé à des potagers scolaires pédagogiques.

→ Voir Économie protectrice de l'homme et de la planète/Agriculture biologique

Le liège, un cycle à lui tout seul ?

Planter des chênes-lièges, entretenir les forêts et ainsi lutter contre les incendies, récupérer du liège et le transformer en produit fini, récupérer les produits finis à base de liège, les transformer en isolants posés par des structures sociales chez des personnes qui subissent le prix du chauffage.

→ Voir Économie protectrice de l'homme et de la planète/Recyclage

*Les groupements d'employés pour aider les petites entreprises
à grandir ?*

Ce système permettrait de salarier à temps complet des personnes au niveau du groupement, et de ne pas mettre la charge d'un équivalent temps plein (ETP) au niveau de la structure monosalariale qui achèterait, elle, des jours d'ETP en fonction de ses besoins. Les salariés du groupement auraient ainsi la possibilité de se confronter à divers métiers manuels chez des employeurs différents. Cette organisation devrait permettre de renforcer le tissu d'emplois locaux et de laisser du temps aux personnes pour trouver leur voie professionnelle tout en assurant leur indépendance financière.

→ Voir Économie protectrice de l'homme et de la planète/Réparation

La bourse de la paille ?

La création du site « La paille, ça me botte » permettrait aux agriculteurs de mettre en vente en ligne leur volume de paille achetable en fin de saison (avant séchage) et aux jeunes constructeurs d'acquérir le volume souhaité pour leur construction *via* un paiement d'arrhes sécurisé. Ainsi, sans se connaître, les deux parties se rencontreraient, sécuriseraient la future construction en sachant que le volume de paille serait trouvé auprès d'un agriculteur local, commanderaient la livraison de celle-ci au bon moment et les autres seraient certains d'être payés et donc de rentabiliser le stockage de cette commande.

→ Voir Économie protectrice de l'homme et de la planète/Écohabitat

La bonne énergie des écoles solaires ?

Pour aider les écoles à compenser le prix du passage de la cantine en bio, à s'équiper d'une salle informatique, à financer l'installation d'un espace potager avec sa serre… il suffit d'un toit et du soleil !

→ Voir Économie de la connaissance/Réseaux sociaux

N'est pas restaurant qui veut ?

Au même titre qu'une boulangerie ne peut porter fièrement ce nom aujourd'hui que si elle pétrit et cuit sur place, l'appellation « restaurant » serait réservée aux lieux qui utilisent des produits frais et transforment les aliments en totalité sur place, avec un pourcentage de produits surgelés ne dépassant pas la barre des 20 %. Les produits finis surgelés seraient obligatoirement indiqués sur la carte avec un icône reconnaissable. Seuls les restaurants bénéficieraient de la TVA à 5,5 %. Un accord de branche pourrait également reconnaître le travail des employés de cuisine en leur assurant un salaire minimum à 130 % du SMIC.

→ Voir Économie de la connaissance/Apprentissage et compagnonnage

Un nouvel outil de développement local ?

Pourquoi ne pas créer une forme de SCIC qui ouvrirait jusqu'au tiers de son capital à des collectivités locales et ses groupements ? Structure que nous appellerions « SEMIC » et dont la mission amplifierait la production de biens ou de services répondant aux besoins collectifs d'un territoire par la meilleure mobilisation possible de ses ressources économiques et sociales.

➔ Voir Économie de la connaissance/Coopératives

Le hors taxe local ?

Afin de privilégier les circuits courts et directs situés dans un rayon géographique très défini, on pourrait imaginer une exonération de TVA pour les deux parties prenantes (producteur local – consommateur local) afin de mettre les produits locaux dans un niveau de concurrence tarifaire qui compenserait les coûts d'emploi.

➔ Voir Économie moins mondiale et plus locale/Circuits courts

Ma ville vit le dimanche ?

Vivre sa ville, c'est aussi avoir la possibilité d'y faire quelque chose, notamment le week-end lorsque l'on a plus de temps. La France a la chance de posséder un patrimoine culturel très riche et d'avoir une population dynamique et prête à s'investir (on compte près de 800 000 associations en France). En cumulant ces avantages, les villes devraient pouvoir s'animer ! En développant des partenariats locaux, « Ma ville vit le dimanche » permettrait, les dimanches pairs, d'orienter les habitants vers la culture et la nature, et les dimanches impairs, vers les sports, avec la possibilité de tester des sports proposés en ville, de faire de la compétition, etc.

➔ Voir Économie moins mondiale et plus locale/Repenser les villes

Les cantinOrestaurant ?

Il n'est pas rare, dans des villages, de trouver une brasserie et un restaurant gastronomique. Pourquoi ne pas faire la cantine dans les restaurants du village plutôt que de proposer aux enfants un tour en car ? Les deux restaurateurs locaux accueilleraient en alternance les enfants de l'école, souvent peu nombreux, pour le déjeuner. Ces deux professionnels seraient assurés d'une activité régulière. Les économies réalisées sur les frais de transport pourraient payer les repas des enfants. Un projet de classe pourrait voir le jour : les enfants participant à l'élaboration des menus, suivant le cycle de vie des fruits et légumes produits localement, etc.

➜ Voie Économie moins mondiale et plus locale/Animer les villages

Composé par Sandrine Escobar

N° d'éditeur : 4367

Dépôt légal : novembre 2011

Imprimé en Allemagne par BoD